Hiergeblieben!

40 grandiose
Reiseziele
in Deutschland

DIE
WELTREISE
VOR DER
HAUSTÜR
GEHT
WEITER!

VORWORT

DEUTSCHLAND IST EINE WUNDERTÜTE, wenn es um unerwartete Sehenswürdigkeiten geht. Und damit ist nicht Neuschwanstein, das Brandenburger Tor oder der Kölner Dom gemeint – all das ist zwar durchaus beeindruckend, aber überraschend ist es keinesfalls. Wenn das Fernweh mal wieder als quengelndes Männlein auf der Schulter sitzt und Wunschträume von der Alhambra, dem Yosemite Nationalpark oder Sansibar entfacht, man sich dieser Sehnsucht aber nun einmal im Moment nicht hingeben und einfach die Koffer packen kann, dann hilft nur eins: Hiergeblieben! Denn vieles von dem Ersehnten findet man bei uns in Deutschland, nur eben in ein bisschen anderer Form und vielleicht erst auf den zweiten Blick. Den Indian Summer gibt es in Vermont, aber der Hainich in Thüringen ist in seiner herbstlichen Farbenpracht ebenfalls bezaubernd. Die Pfahlbauten von Unteruhldingen könnten mit etwas Fantasie nicht im Bodensee, sondern auf den Malediven stehen, und was verbindet eigentlich das prächtige Sankt Petersburg mit der Kleinstadt Schleswig?

Ob freiwillig oder gezwungenermaßen, das Reisen in Deutschland und an seine Grenzen – beispielsweise nach Iguazú, nein: Schaffhausen! – ist eines bestimmt nicht, nämlich langweilig. Es ist voller Wunder, Erkenntnisse und spannender Geschichten, schärft man nur ein wenig den Blick. Und ganz abgesehen von all dem persönlichen Gewinn ist es eben auch ressourcenschonend. Man vergleiche nur die CO_2-Bilanz eines Trips nach Qingdao mit der eines Ausflugs nach Goslar. Ein wenig mögen sich die beiden Reisen unterscheiden, aber viel aufregender sind doch die Gemeinsamkeiten.

Ihre HOLIDAY-Redaktion

INHALT

DER NORDEN

12

14

21

29

DER SÜDEN

DER NORDEN

Wer sich nach der Wildnis der Everglades sehnt, der wird – wer hätte es gedacht – im von Wasserläufen durchzogenen Spreewald fündig. Will man Fantasiegestalten wie die Hobbits filmisch zum Leben erwecken, braucht man natürlich einen ganz realen Ort für die Dreharbeiten. Hätte Peter Jackson für seinen Film »Der Herr der Ringe« von den Höhlenwohnungen von Langenstein im Harz gewusst, vielleicht hätte er die Behausungen nicht extra in Neuseeland errichten lassen. Und exzellente Weine kommen nicht nur aus den südafrikanischen Winelands, das Gebiet Saale-Unstrut muss sich hier nicht verstecken. Also auf in das nördliche Deutschland!

Schleswig-Holstein

Hamburg

Mecklenburg-Vorpommern

Bremen

Niedersachsen

Brandenburg

Berlin

Nordrhein-Westfalen

Sachsen-Anhalt

Thüringen

Sachsen

1

SEEBRÜCKEN AUF RÜGEN

54° 24' 8" NORD / 13° 36' 56" OST

EINMAL ÜBERS WASSER WANDELN? Seebrücken machen es möglich. Ufer und Strand verschwinden mehr und mehr in der Ferne, unter den Holzplanken glucksen die Wellen, weit schweift der Blick über das Meer. In der frischen Brise wird einem ganz leicht ums Herz.

Erst Seebrücken machen Badeorte zu Seebädern. Sie verleihen ihnen das gewisse Etwas, den mondänen Charakter. Wer Beispiele sucht, wird auf Rügen fündig: Sellin blickt stolz auf die mit 394 m längste Seebrücke der Insel. Binz, das größte und eleganteste Ostseebad Rügens, hat »nur« 370 m zu bieten, dafür aber eine herrliche Promenade am kilometerlangen Sandstrand. Von der Seebrücke geht der Blick zurück über weiße Villen, die mit ihren Balkonen und Veranden, filigranen Giebeln und

Türmchen die Strandpromenade säumen. Blickfang ist das prächtige Kurhaus, das heute als Luxushotel dient.

Für eine solch repräsentative Promenade ist am Hochufer in Sellin kein Platz, hier übernimmt die ebenfalls von historischer Bäderarchitektur geprägte Wilhelmstraße die Aufgaben einer Flaniermeile. Zwischen den Seebrücken von Binz und Sellin verkehren Ausflugsschiffe. Ansonsten bleibt die Binzer Seebrücke weitgehend den Flaneuren überlassen, während in Sellin ein Restaurant im Brückenhaus und eine Tauchgondel etwas mehr Action bieten. Im Glanz der Lichterketten erinnert sie glatt an den Brighton Pier – Nonplusultra aller Seebrücken. Dort sorgen allerdings gleich mehrere Fahrgeschäfte, Spiel- und Imbissbuden für Vergnügen. Es heißt aber auch, Brightons Seebrücke sei nur deswegen so lang, damit die Urlauber an der Südküste Englands bei Ebbe überhaupt mal das Meer zu sehen bekämen. Brighton hat mehr als 270.000 Einwohner, am Ufer dominieren großstädtische Häuserzeilen im Regency-Stil mit Queens und Grand Hotel, Restaurants und Geschäften – zugegeben alles ein bisschen größer als in Binz … Dafür bleiben in Binz die Gäste auf der Promenade von Autos unbehelligt, während auf Brightons Uferstraßen viel Verkehr herrscht. Und an der Ostsee muss mangels Gezeiten niemand auf ein erfrischendes Bad verzichten.
www.ruegen.de, www.adler-schiffe.de,
www.ostseebad-binz.de, www.ostseebad-sellin.de

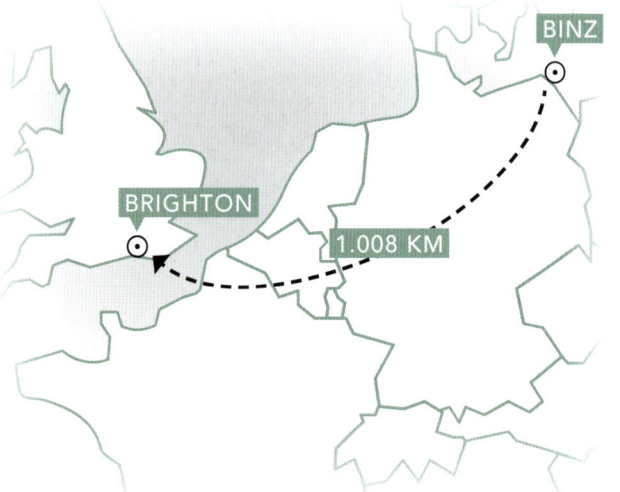

Rechts: Marine Palace and Pier,
Brighton, Großbritannien
50° 49′ 8″ Nord / 0° 08′ 12″ West

Unten: Die erste Seebrücke in Sellin
wurde 1906 gebaut; die heutige Version
stammt von 1998. Im Brückenhaus kann
man nicht nur in einem der Restaurants
speisen, sondern sich im Baltic Saal mit
Blick auf die Ostsee auch trauen lassen.

RESTAURANTS

ALTES POSTAMT SELLIN

Neben Speisekarte und Service überzeugen die Sitzplätze: innen lauschig am Kamin, draußen windgeschützt im Strandkorb. Wer hier nach einem Spaziergang an der frischen Seeluft einkehrt, wird satt und zufrieden vom Tisch aufstehen.
Wilhelmstr. 43, 18586 Sellin
Tel. 01 76/61 23 16 65, Do–Di 16.30–22 Uhr
www.altespostamtsellin.de

STRANDHALLE BINZ

In einem hohen, gemütlichen Raum überzeugen die erlesenen Fisch- und Fleischgerichte, Salate, Suppen und Desserts in Slow-Food-Qualität. Auch Vegetarier und Veganer kommen in den Genuss der Kreativität von Chef Toni Münsterteicher.
Strandpromenade 5, 18609 Binz
Tel. 03 83 93/3 15 64, Di–So 12–22 Uhr
www.strandhalle-binz.de

ÜBERNACHTUNGEN

VILLA MEERESGRUSS

Familiengeführtes Hotel in historischer Bädervilla mit Charme und zeitgemäßem Komfort. Ein Teil der Zimmer bezaubert mit Balkonen samt Korbstühlen. Nur 50 m vom Strand entfernt!
Margaretenstr. 19, 18609 Binz
Tel. 03 83 93/38 20, www.villa-meeresgruss.de, €

ROMANTIK ROEWERS PRIVATHOTEL

In einem denkmalgeschützten Villenensemble mit den typischen Holzbalkonen an der Selliner Flaniermeile sind großzügige moderne Zimmer, ein toller Spa- und Fitnessbereich sowie mehrere Restaurants untergebracht. Pool und Sauna auf dem Dach mit Blick über die Baumwipfel und das Meer.
Wilhelmstr. 34, 18586 Sellin
Tel. 03 83 03/12 20, www.roewers.de, €€

Zehntausende Urlauber wollte die Kraft-durch-Freude-Organisation der Nazis in dem gigantomanischen Betonklotz an der Ostseeküste gleichzeitig unterbringen, verköstigen und bespaßen. Die Anlage blieb unvollendet, wurde aber zu DDR-Zeiten von der Nationalen Volksarmee als Kaserne genutzt. Über die Geschichte informiert das Dokumentationszentrum. Darüber hinaus gibt es weitere Ausstellungen, Galerien und Cafés. Ein Block wurde zur Jugendherberge, andere Blöcke zu Hotel, Luxus- und Ferienwohnungen umgebaut.
Dokumentationszentrum Prora
Dritte Str. 4/Block 3/Querriegel, 18609 Binz
Tel. 03 83 93/1 39 91, Mai–Aug. tgl. 9.30–19 Uhr,
sonst kürzer, 1.–25. Dez. geschl., www.proradok.de

NATURERBE-ZENTRUM PRORA

Im westlichen Binzer Ortsteil begeistert der Baumwipfelpfad, der sich auf 40 m Höhe hinaufwindet, mit fantastischen Panoramablicken über den Buchenwald, die Ostsee – und sogar bis nach Stralsund. Angeschlossen ist eine Erlebnisausstellung zu Natur und Umwelt.
Forsthaus Prora 1, 18609 Binz, Tel. 03 83 93/66 22 00
Mai–Sept. tgl. 9.30–19 Uhr, sonst kürzer
www.baumwipfelpfade.de/nezr

MÜTHER-TURM

Wie ein Ufo in den Dünen erscheint die 1981 erbaute ehemalige Rettungsstation. Den auf einer Mittelstütze ruhenden weißen Raum mit großen ovalen Fensterfronten auf allen Seiten schuf der Binzer Architekt und Bauingenieur Ulrich Müther. Als Außenstelle des Binzer Standesamts ist der Müther-Turm mit dem grandiosen Weitblick über die Ostsee bei Brautpaaren außerordentlich beliebt. Allen anderen bleibt der bewundernde Blick von außen.
Strandabschnitt 6, 18609 Binz
Besichtigung von außen jederzeit

JAGDSCHLOSS GRANITZ

Auf dem 107 m hohen Tempelberg im Granitzer Wald zwischen Binz und Sellin thront seit 1846 der Jagdsitz der Putbuser Fürstenfamilie. Die tolle Rundumsicht vom

*Rügens Kreidefelsen im Nationalpark Jasmund erstrecken sich über 11 km und sind durchschnittlich 80 m hoch.
Am besten sind sie von See aus zu betrachten; Fußgänger müssen sich an die ausgeschilderten Wege halten.*

zentralen Schlossturm lohnt die Mühen des Aufstiegs über die 154 Stufen der Wendeltreppe – übrigens ein Meisterwerk des Eisenkunstgusses. Nicht weniger beeindruckend ist die luxuriöse Ausstattung der Räumlichkeiten mit Jagdtrophäen, Gewehren, vielen Gemälden und Möbeln des 19. Jahrhunderts.
*Jagdschloss Granitz, 18609 Binz
Tel. 03 83 93/6 67 18 76 44
Mai–Sept. tgl. 10–18 Uhr, sonst kürzer
www.granitz-jagdschloss.de*

NATIONALPARK JASMUND

Die Kreidefelsen auf Rügen bannte schon Caspar David Friedrich auf Leinwand. Spektakulär sind mitunter die erosionsbedingten Abbrüche, wenn besonders im Winter größere Stücke in die Ostsee stürzen. Ob Königsstuhl oder Wissower Klinken, die Kreideküste steht unter dem Schutz des Nationalparks Jasmund und gehört zum UNESCO-Weltnaturerbe. Übrigens noch eine Parallele zu Brighton,

denn auch die Südküste Englands prägen beachtliche Kreidefelsen, darunter die Seven Sisters im South-Downs-Nationalpark etwa 30 km östlich des Seebads.
*Nationalparkzentrum Königsstuhl
Ostern–Okt. tgl. 9–19, sonst 10–17 Uhr
www.koenigsstuhl.com*

RASENDER ROLAND

Die von einer Dampflok gezogenen Waggons zuckeln zwischen Putbus und Göhren hin und her – in den Sommermonaten sogar bis Lauterbach-Mole. Dann verkehrt der historische Zug stündlich, sonst im Zwei-Stunden-Takt. Bei offenen Fenstern können Fahrgäste im Sommer frische Luft und Sonne genießen, im Winter sorgen Bolleröfen für kuschlige Wärme. Auch Brighton hat eine ähnliche Touristenattraktion, übrigens die älteste elektrische Eisenbahn Großbritanniens: Die Volk's Electric Railway fährt zwischen Brighton Pier und Kemp Town am Strand entlang.
www.ruegensche-baederbahn.de

2

GOTTORFER GLOBUS IN SCHLESWIG

54° 30′ 42″ NORD / 9° 32′ 27″ OST

DIE GANZE WELT DREHT SICH UM – Schleswig, die Kleinstadt an der Schlei, dem tief ins Land greifenden Ostseearm. Wer daran irgendwelche Zweifel hegt, kennt den Gottorfer Globus nicht – das weltweit erste Planetarium!

Das Wunderwerk der Barockzeit fasziniert damals wie heute: Die begehbare Kugel mit einem Durchmesser von 3,10 m zeigt auf der Außenseite die im 17. Jahrhundert bekannte Welt, auf der Innenseite den Sternenhimmel und dreht sich um eine Achse, deren Neigung der Lage Schleswigs auf 54° 30′ nördlicher Breite entspricht.

Die Herzöge, die im Schloss Gottorf residierten, herrschten über Holstein und Schleswig, trugen die dänische Krone, stellten schwedische Könige sowie russische Zaren. Unter Friedrich III. entwickelte sich das Herzogtum Schleswig-Holstein-Gottorf zu einem der bedeutendsten Fürstenhöfe und kulturellen Zentrum in Nordeuropa. Dem wissenschaftlichen Interesse des Herzogs ist der Globus zu verdanken, dessen Ausführung der Hofmathematiker Adam Olearius verantwortete. 1654 bezog der fertige Riesenglobus das eigens dafür inmitten von Gartenterrassen erbaute Haus.

Die Blüte Schleswigs fiel in die Zeit der Gründung von Sankt Petersburg durch den russischen Zaren, endete jedoch mit dem Nordischen Krieg. Nach der Niederlage der Gottorfer aufseiten der Schweden gegen die verbündeten Dänen und Russen, forderte Peter der Große 1713

den Gottorfer Globus als Geschenk. Er sollte die Sensation der neuen Kunstkammer in Sankt Petersburg werden, dem aus seiner Sammlung hervorgegangenen ersten Museum Russlands. Zwei Mal musste der Globus wiederhergestellt werden: Nach einem Brand Mitte des 18. Jahrhunderts wurde die Weltkarte aktualisiert, nach dem

Der Gottorfer Globus in der Kunstkammer
Sankt Petersburg, Russland
59° 56′ 30″ Nord / 30° 18′ 16″ Ost

Zweiten Weltkrieg die Erdachse neu justiert, um ihn als russisches Werk erscheinen zu lassen. Original erhalten geblieben ist nur die Eingangstür mit dem Wappen der Gottorfer Herzöge.

Sankt Petersburg 60°, Schleswig 54° 30′ – heute stimmen Breitenangabe und Achsneigung wieder mit dem Ursprungsort überein. Doch statt an die Newa zu reisen, können Besucher den Riesenglobus in Schleswig bewundern. Der originalgetreue Nachbau von 2005 steht im eigens errichteten Globushaus im Barockgarten nördlich der Schlossinsel.
www.gottorfer-globus.de

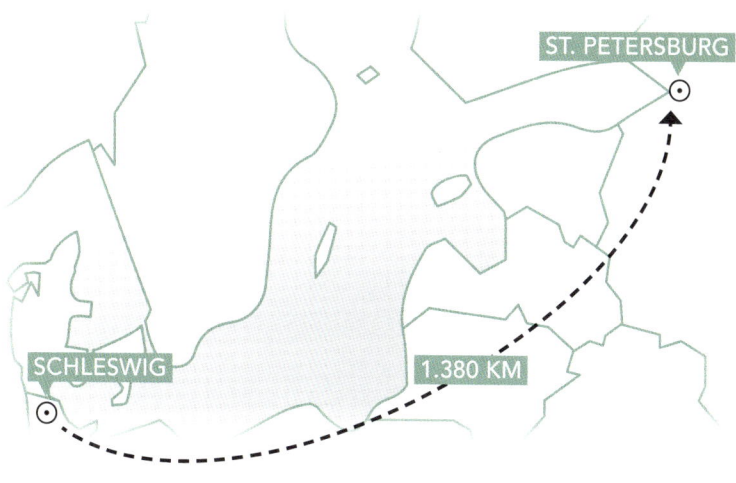

Das Innere des Globus bietet Platz für bis zu zwölf Personen. Man kann um den runden Tisch in der Mitte Platz nehmen, durch den die Erdachse führt, und den mit figürlichen Darstellungen ausgeschmückten Sternenhimmel bewundern, der nach dem barocken Original detailgetreu rekonstruiert wurde.

Das Herzogtum Schleswig-Holstein Gottorf war vom 16. bis ins 18. Jahrhundert ein nordeuropäisches Machtzentrum. Die barocke Prachtresidenz entstand 1697–1703 an der Stelle einer alten Renaissancefestung.

MUSEUMSINSEL SCHLOSS GOTTORF

Das Schloss beherbergt zwei schleswig-holsteinische Landesmuseen: das Museum für Archäologie mit Funden von der Stein- bis zur Eisenzeit (darunter zahlreiche Moorleichen) sowie das Museum für Kunst und Kulturgeschichte mit Werken vom Mittelalter bis zur Gegenwart. Sehr sehenswert ist auch der Barockgarten mit dem Globushaus darin als besonderes Highlight.
Schlossinsel 1, 24837 Schleswig
Tel. 0 46 21/81 32 22
Mo–Fr 10–17, Sa, So 10–18 Uhr,
Globushaus Nov.–März geschl.
www.schloss-gottorf.de

WIKINGERMUSEUM HAITHABU

Haithabu war vom 9. bis zum 11. Jahrhundert eines der wichtigsten Handelszentren Nordeuropas. Neben dem Museum rekonstruierte man im Freigelände sieben Wikingerhäuser, Wallanlagen und eine Landebrücke des Hafens. Bei Vorführungen, die die damalige Lebensweise anschaulich machen, lassen sich Bootsbauer, Bäcker, Bogenmacher oder Schmiede bei der Arbeit zusehen.
Am Haddebyer Noor 3, 24866 Busdorf
Tel. 0 46 21/81 31 22
April–Sept. tgl. 9–18, Okt. bis 17, Nov.–März
(ohne Häuser) Di–So 10–16 Uhr
www.haithabu.de

DANEWERKMUSEUM

Der Danewerk ist eine mittelalterliche dänische Grenz-befestigung zwischen der Schlei und dem ca. 15 km entfernten Fluss Treene, mit dem dänische Wikingerreiche jahrhundertelang ihr Territorium nach Süden sicherten. Reste des Hauptwalls gibt es auch am Museum zu sehen, das die Geschichte dieses UNESCO-Weltkulturerbes vom 7. bis 11. Jahrhundert dokumentiert.
Danevirke Museum, Ochsenweg 5, 24867 Dannewerk
Tel. 0 46 21/3 78 14, Mai–Sept. Mo–Fr 9–17, Sa, So 10–16,
Okt., Nov., Jan.–April Di–So 10–16 Uhr, Dez. geschl.
www.danevirkemuseum.de

EISENKUNSTGUSS MUSEUM BÜDELSDORF

Erstaunlich, welch spannende Geschichten altes Eisen erzählen kann. Ob Personendenkmal, Kohlenkasten, Ofenplatte oder Kaffeemühle – das Museum bei Rendsburg, gut 30 km südlich von Schleswig, stellt rund 180 Exponate aus. Viele stammen aus der Carlshütte, dem 1827 gegründeten (und 1997 stillgelegten) ersten Industrieunternehmen der Herzogtümer Schleswig und Holstein, auf dessen Gelände sich das Museum befindet. Darüber hinaus werden gusseiserne Produkte anderer wichtiger Industriestätten präsentiert, wie aus den Königlich Preußischen Eisengießereien oder auch aus russischen Hütten wie Kasli.
Ahlmannallee 5, 24782 Büdelsdorf
Tel. 0 43 31/4 33 70 22
Di–So 12–17 Uhr, www.das-eisen.de

NOK – SCHLEUSE KIEL-HOLTENAU

Der Nord-Ostsee-Kanal erspart Schiffen einen Umweg von 250 Seemeilen. Jährlich passieren ihn etwa 30.000 Schiffe und 12.000 Sportboote, die auch durch die Schleusen zur Nordsee in Brunsbüttel und zur Ostsee in Kiel müssen. Von der Aussichtsplattform Wik blickt man auf eine der größten Schleusenanlagen der Welt. Zusätzlich erklären Infotafeln und Modelle die Funktion der Schleusen und die Geschichte der Wasserstraße.
Wasserstraßen- und Schifffahrtsamt Kiel-Holtenau
Schleuseninsel 2, 24159 Kiel, Tel. 04 31/36 03-0
www.wsa-kiel.wsv.de

RESTAURANTS

RINGELNATZ
Das Restaurant in einem Fachwerkhaus am Rand der Altstadt hat auch an die Vegetarier und Veganer gedacht. Ansonsten finden sich aber neben wenigen Fisch- vor allem Fleischgerichte auf der Karte, darunter auch einige Burgervarianten.
Fischbrückstr. 3, 24837 Schleswig
Tel. 0 46 21/2 01 77, www.ringelnatz-schleswig.de

SCHLEIMÖWE
Spezialitäten der Schleiregion prägen die Speisekarte des Fischrestaurants in der Fischersiedlung am Holm mit den kleinen Häuschen.
Süderholmstr. 8, 24837 Schleswig
Tel. 0 46 21/2 43 09, tgl. 11.30–14 und 17–22 Uhr
www.schleimoewe.de

ÜBERNACHTUNGEN

HOTEL STRANDLEBEN
In der ehemaligen Offizierskaserne am Ufer der Schlei geht es inzwischen locker und entspannt zu. Natürliche Farben und Materialien sowie gute Matratzen, Parkett und Regendusche in den 16 Zimmern gehören zu den Vorteilen des angenehm großzügig gestalteten Hotels. Die Spa-Suite verfügt sogar über eine eigene Sauna. Angeschlossen ist außerdem ein Restaurant. *Schleibogen 6 24837 Schleswig, Tel. 0 46 21/3 96 99 65 www.strandleben-schleswig.de, €€*

HOTEL ZOLLHAUS
In unmittelbarer Nachbarschaft von Schloss Gottorf bietet dieses denkmalgeschützte Haus von den rückwärtigen Zimmern einen tollen Parkblick. Hotel, Garten und Terrasse werden gern für Hochzeitsfeiern gebucht, daher kann es am Wochenende mal lauter werden. *Lollfuß 110, 24837 Schleswig Tel. 0 46 21/29 03 40, www.zollhaus-zu-gottorf.de, €€*

3

NANDUS AM RATZEBURGER SEE

53° 42' 4" NORD / 10° 46' 27" OST

SOLLTE MAN CHANCENGLEICHHEIT mit einem Vogel beschreiben, könnte es der Nandu sein. Bei diesen Tieren hängt die Pflege der Nachkommen nicht allein an den Weibchen, sondern das Männchen brütet die Eier aus, während das Weibchen auf Nahrungssuche geht. Diese Variante des Rollentausches aber ist es weniger, die die Menschen plötzlich an die Lauenburgische Seenplatte lockt. Es ist das exotische Bild von straußenähnlichen Laufvögeln, die sich in Gruppen gemütlich über die Rapsfelder bewegen und eigentlich in dieser Landschaft gar nichts zu suchen haben. Nandus vermutet man eher im hohen Gras der argentinischen Pampa als in Nordwestmecklenburg. Ist es ihnen dort nicht zu kalt?

Zwei Vögel waren es ursprünglich, ein Pärchen, das um das Jahr 2000 aus einer Zucht in Schleswig-Holstein ausgebüxt ist. Man dachte nicht, dass die Tiere, die eigentlich südamerikanische Temperaturen gewöhnt sind, das unwirtliche norddeutsche Klima überleben würden. Doch sie taten es nicht nur, sie fühlten sich so wohl, dass sie auch munter Nachkommen zeugten. Was anfangs noch als Laune und lustige Exotengeschichte verstanden wurde, ruft heute Bauern und Naturschützer auf den Plan, denn die Nandus fressen nicht nur die zarten Rapssprossen und treten den Bauern das Getreide nieder, sie verspeisen auch gerne seltene Lurche oder Heuschrecken. Knapp 500 Laufvögel sind derzeit in der Wakenitz-Niederung in Mecklenburg-Vorpommern anzutreffen. Da

sie keine natürlichen Feinde haben, überlegen sich die Politiker, die Tiere in die Jagdverordnung aufzunehmen. Also schnell Nandus gucken, bevor sie sich noch mehr Feinde gemacht haben und schon bald als Nandu-Steaks auf Mecklenburgischen Grills dampfen.

Nandu in der argentinischen Pampa
33° 53' 57" Süd / 61° 6' 1" West

In den Feldern können die Nandus, die an der Grenze von Mecklenburg-Vorpommern zu Schleswig-Holstein leben, beachtliche Schäden verursachen, weshalb die Landwirte vor Ort darauf drängen, dass die Population nicht weiter anwächst.

RATZEBURG

11.600 KM

COLÓN

RESTAURANTS

FÄHRHAUS ROTHENHUSEN ANNO 1583
Das alte Backsteinhaus direkt am Wasser strahlt nicht nur eine wunderbar ländliche Atmosphäre aus, es lädt auch zu hochwertiger regionaler Küche mit knackfrischem Gemüse und hervorragend zubereitetem Fleisch ein. Wer es süß mag, kommt zur Kaffeezeit. *Rothenhusener Weg, 23627 Groß Sarau, Tel. 0 45 09/80 59, Mi–Fr 14–21, Sa, So 12–21 Uhr, www.faehrhaus-rothenhusen.de*

FARCHAUER MÜHLE
Direkt am schönen Küchensee, eingebettet in Wald- und Wiesenlandschaft, befindet sich dieses Hotel, das mit einem hohen Romantikfaktor punktet. Die Lage am Wasser ist wunderschön, die Ausstattung gehoben. Und auch ohne Übernachtung lohnt sich ein Besuch im angeschlossenen Restaurant. *Farchauer Mühle 6, 23911 Schmilau Tel. 0 45 41/86 00-0, DZ ab 89 € www.farchauer-muehle.de*

ÜBERNACHTUNGEN

WITTLERS HOTEL
Auf der Dominsel im Ratzeburger See befindet sich dieses Hotel mit modern ausgestatteten Zimmern, teilweise mit Seeblick. Besonders schön ist die zugehörige Schirmbar direkt am Ufer des Sees. *Große Kreuzstr. 11, 23909 Ratzeburg Tel. 0 45 41/32 04 www.wittlers-hotel-ratzeburg.de, €€*

ZIRKUSWAGEN DER ERLEBNISBAHN
Einmal im Zirkuswagen schlafen? Das bietet die Erlebnisbahn Ratzeburg. Dort gibt es auch die Möglichkeit, in Baumhäusern oder in ausgedienten Schlafwagen zu nächtigen. *Erlebnisbahn Ratzeburg, Am Bahnhof im Zug, 23911 Schmilau, Tel. 0 45 41/ 88 32 16, www.erlebnisbahn-ratzeburg.de, €*

RATZEBURG

Mit seinem Dom, dem Barlach-Museum und der Altstadt auf der Insel ist Ratzeburg eine wirklich schöne Stadt, die es lohnt, einmal länger unter die Lupe genommen zu werden. Ob ein Eis am See oder ein Kaffee am Markt: Es gibt viele Möglichkeiten, sich wohlzufühlen. Wer es lustig mag, leiht sich ein Tretboot, gemütlicher wird es auf einer Tour im Ausflugsschiff. Und anschließend unbedingt den Lauenburger Teller probieren, ein Sammelsurium heimischer Spezialitäten.
Tourist-Information im Rathaus, Unter den Linden 1 23909 Ratzeburg, Tel. 0 45 41/8 00 08 86 Mo–Fr 9.30–12.30, 13.30–17, Sa, So 10–15 Uhr www.ratzeburg-tourismus.de

RADTOUR UM DEN RATZEBURGER SEE

Diese wunderbare Waldluft überall! Diese vielen Seen! Das ruft nach Aktivitäten in der Natur, also rauf aufs Rad, Badesachen ins Gepäck und dann einfach um den See radeln oder vielleicht auch den nächsten erkunden, je nach Puste. Zwischendrin finden sich immer wieder Stellen, an denen man baden kann. Informationen zu Fahrradverleihern gibt es bei der Tourist-Information in Ratzeburg.

GRÜNES BAND

Der ehemalige Verlauf der deutsch-deutschen Grenze bei Langenlehsten ist bis heute zwischen Schleswig-Holstein und Mecklenburg-Vorpommern gut zu erkennen, da auf dem ehemaligen Todesstreifen nun Heide und Magerrasen wachsen. Hier lohnt es sich, die Augen aufzusperren und nach Schwarzkehlchen oder Feldlerchen Ausschau zu halten.
www.herzogtum-lauenburg.de/a-naturschatz-gruenes-band

SCHLAFKORB IM WALD

Die waldreichste Region Schleswig-Holsteins bietet ein ganz außergewöhnliches Erlebnis: Dort steht ein Schlafkorb, ähnlich wie ein Strandschlafkorb, nur eben auf Stelzen im Wald. Die wohl schönste Möglichkeit, sich auf die Natur einzulassen und nach wilden Tieren Ausschau zu halten – wer dort schläft, bekommt auch ein Nachtsichtgerät ausgehändigt.

Mit einer gültigen Angelkarte kann man im Schaalsee Zander, Barsche oder sogar kapitale Hechte angeln.

Forsthaus Friedrichsruh, Ödendorfer Weg 5
21521 Aumühle, OT Friedrichsruh
Tel. 0 41 04/6 99 28 99
www.forsthausfriedrichsruh.de

MÖLLN

Wer in Ratzeburg weilt, sollte sich auch unbedingt Mölln anschauen – nicht nur wegen der Eulenspiegeltradition und weil das Anfassen des Daumens oder der Füße der Eulenspiegelstatue auf dem Brunnen neben dem Kirchberg angeblich Glück bringt. Die schöne Altstadt mit ihren Backsteinbauten und der Kurpark sind ebenso sehenswert wie die Umgebung, etwa das Hellbachtal mit seinen Seen und Mooren.

Tourismus- und Stadtmarketing Mölln, Am Markt 12
23879 Mölln, Tel. 0 45 42/8 56 88 90, Mo–Fr 10–17,
Sa, So bis 15.30 Uhr, www.moelln-tourismus.de

SCHAALSEE

Nicht weit von Ratzeburg entfernt befindet sich der Schaalsee, ein Kleinod von Gewässer. Der tiefste Klarwassersee Norddeutschlands ist auch das Zentrum eines Biosphärenreservats. Die Gegend hier ist wilder und noch dünner besiedelt, was besonders viele Zugvögel anlockt, unter anderem auch Kraniche. Eine geführte Tour lohnt sich. *Biosphärenreservatsamt Schaalsee-Elbe, Pahlhus Wittenburger Chaussee 13, 19246 Zarrentin am Schaalsee, Tel. 03 88 51/302-0, www.schaalsee.de*

4

STAND-UP-PADDLING IN HAMBURG

53° 32′ 25″ NORD / 10° 0′ 11″ OST

Nach Feierabend noch ein wenig über die Außenalster zu paddeln kann sich wie ein Miniurlaub anfühlen. Nicht immer ist man jedoch so allein wie die beiden hier, im Sommer wird es insbesondere am »SUP Port« nahe der Krugkoppelbrücke, wo die meisten ihre Bretter zu Wasser lassen, ziemlich voll.

DEN GESTÄHLTEN KÖRPER angemessen zur Schau stellen, das ist in Miami Volkssport. Gut also, dass Stand-up-Paddling erfunden wurde: Eine Sportart, um gestählte Muskelpakete perfekt und unverhüllt zur Schau zu stellen, beeinträchtigt weder durch überflüssige Kleidung noch durch den Kontakt mit dem Badewasser. Wer dem nacheifern möchte, muss jedoch nicht den weiten Weg nach

South Beach auf sich nehmen. Auch Hamburg verfügt schließlich über ein dichtes Netz an Wasserstraßen.

Ein guter Ausgangspunkt sind die Gewässer der Hafencity. Die allgegenwärtige Elbphilharmonie bürgt für einen hohen touristischen Wert, während die Nähe zu den Kaimauern garantiert, dass die Navigationskünste auf dem Board größtmögliche Aufmerksamkeit erhalten. Doch aufgepasst: Ein Schaulaufen auf der nahen Elbe ist nicht gestattet – zu groß wäre die Gefahr, dass Sportler bei ihrem Balanceakt einem Containerschiff oder anderen Ozeanriesen in die Quere kommen. Überflüssig zu erwähnen, dass das SUP-Verbot aus denselben Gründen für den kompletten Hafen gilt.

Willkommen sind Stehpaddler hingegen auf Binnen- und Außenalster. Das ist eine gute Nachricht, denn die beiden stattlichen Seen, zu denen sich der Nebenfluss der Elbe in bester Innenstadtlage verbreitet, gehören zweifelsohne zu Deutschlands glamourösesten Gewässern. Über unzureichenden Auslauf darf sich dabei niemand beschweren, denn die Nord-Süd-Ausdehnung beträgt etwa vier Kilometer. Anders als in Südflorida muss sich in der Hansestadt niemand Sorgen um einen bestimmten Aspekt des äußeren Erscheinungsbildes machen: Ähnlich wie die Hamburger als leicht unterkühlt gelten, gehört sonnengebräunte Haut hier keineswegs zum Standard – was den meisten Zentraleuropäern durchaus entgegenkommt.

Stand-up-Paddler in Miami
25° 47′ 38′′ Nord / 80° 07′ 48′′ West

Übrig gebliebene Nachtschwärmer und Frühaufsteher mischen sich frühmorgens am Fischmarkt.

REEPERBAHN

Seemänner aus aller Herren Länder feiern seit Generationen auf der Reeperbahn ihren Landgang. Schon die Beatles spielten in St. Pauli, und bis heute lässt kaum eine tourende Band die Clubs rund um die Reeperbahn aus. Es gibt Tattoo-Studios, Kneipen und Kaschemmen – und nicht zu vergessen die berüchtigte Davidwache. Genug Gründe für die Reeperbahn, um im imaginären Wettbewerb um den Ehrentitel der »sündigsten Meile der Welt« Jahr für Jahr einen Spitzenplatz zu beanspruchen.
St. Pauli Tourist Office, Wohlwillstr. 1
Tel. 0 40/98 23 44 83, Mo–Sa 12–19 Uhr
www.hamburg.de/reeperbahn

FISCHMARKT

»Unten am Fluss, unten am Hafen, wo die großen Schiffe schlafen.« So hat der Chansonnier Bernd Begemann die innige Zuneigung beschrieben, welche die Hamburger für ihre Elbe empfinden. Dazu gehört auch, jede durchzechte Samstagnacht auf der Reeperbahn mit einem Besuch des Fischmarktes abzuschließen. Um 5 Uhr öffnen die Händler ihre Stände – und längst haben sie sich darauf eingestellt, dass die Nachtschwärmer noch auf ein Fischbrötchen vorbeikommen. Diese werden vor Ort verzehrt, am liebsten dann, wenn schon wieder einige von den großen Schiffen zur Abfahrt bereit sind, um ihre Reise wo auch immer hin anzutreten. Danach führt der Weg der Besucher unwiderruflich ins Bett. Es sei denn, es geht noch in die nahe Fischauktionshalle.
Altonaer Fischmarkt, Große Elbstr.
So 5–9.30 (Nov.–März 7–9.30 Uhr)
www.hamburg.de/fischmarkt

LINIE 62 DES HVV

Klar, eine Hafenrundfahrt ist etwas Feines. Aber es muss nicht immer ein touristisches Produkt sein, das die besten Erlebnisse verspricht. Als Alternative bieten sich die Fähren des Hamburger Verkehrsverbundes an. Linie 62 etwa legt an der ehrwürdigen Landungsbrücke 3 ab und fährt elbabwärts am Fischmarkt, am Museumshafen Övelgönne und am Elbstrand vorbei und erreicht

in 32 Minuten Finkenwerder. Hier kommt man sich wie in einer anderen Welt vor, denn der Stadtteil am Südufer hat sich trotz seiner Nähe zu den Airbus-Werken einen recht ursprünglichen Charakter bewahrt.
Verkehrszeiten tgl. 5.15–23.45 Uhr
www.hamburg.de, www.hadag.de/hafenfaehren.html

BLANKENESE

Welcher ist der schönste Stadtteil Hamburgs? Geschmackssache, klar, aber »Blankenese« bekommt man nicht selten als Antwort auf diese Frage. Der Vorort im Westen erhebt sich hoch über das Elbufer, was weite Teile der Hamburger High Society als Einladung verstanden haben, hier großzügige Villen zu errichten. Am schönsten lassen sie sich im sogenannten Treppenviertel erkunden. Über viele Stufen geht es steil hinauf, oben wird man mit einem formidablen Blick auf die Elbe belohnt.

Wer Wert auf die Besteigung der höchsten Erhebung legt, erklimmt den 74,4 m hohen Süllberg.
S-Bahn S1, S11 (Haltestelle Blankenese)
www.hamburg.de/sehenswertes-blankenese

MUSEUMSSCHIFF

Maritime Themen sind in Hamburg allgegenwärtig. Nichts aber drängt sich so beständig in den Vordergrund wie das Museumsschiff »Rickmer Rickmers«. Das »schwimmende Wahrzeichen Hamburgs« wurde 1896 als Frachtsegler gebaut. Heute dient es als zeithistorisches Monument, das Einblick in den zuweilen rauen Alltag der Seeleute bietet. Im Bordrestaurant des Windjammers kommen hanseatische Leckereien auf den Teller.
Landungsbrücken, Ponton 1a, 20359 Hamburg
Tel. 0 40/3 19 59 59, tgl. 10–18 Uhr
www.rickmer-rickmers.de

RESTAURANTS

NAU
Das Portugiesenviertel liegt zwischen Innenstadt und St. Pauli am Elbufer und verdankt seinen Namen dem regen Warenaustausch mit der Iberischen Halbinsel. Dieses Lokal interpretiert die landestypische Küche auf moderne Weise. Spezialität ist natürlich Bacalhau (Kabeljau).
Ditmar-Koel-Str. 13, 20459 Hamburg
Tel. 0 40/31 78 48 50, tgl. 15.30–24 Uhr
www.nau.hamburg

STRANDPERLE
Keine kulinarischen Höhenflüge – und auch keine Aussicht auf Stand-up-Paddler. Dennoch ist dieses Strandlokal eine Institution. Zu schön ist der Blick auf Hafen und Schiffe, zu verführerisch der Gedanke, an einem natürlichen Stadtstrand zu verweilen.
Övelgönne 60
22605 Hamburg
Mo–Fr 10–22, Sa, So 9–22 Uhr
www.strandperle-hamburg.de

ÜBERNACHTUNGEN

25HOURS HOTEL HAMBURG ALTES HAFENAMT
Das ehemalige Domizil des Hafenmeisters ist nun ein schickes Designhotel. Das älteste Gebäude der Hafencity erfreut mit Industrieambiente – wer ins hauseigene Restaurant möchte, muss eine Gangway benutzen.
Osakaallee 12, 20457 Hamburg, Tel. 0 40/55 55 75
www.25hours-hotels.com, €

RAPHAEL HOTEL WÄLDERHAUS
Auf der Elbinsel in Wilhelmsburg gelegen, hat sich dieses Haus ökologischen Baustoffen verschrieben. Die 82 Zimmer sind nach heimischen Baumarten benannt – dank ihrer holzverkleideten Wände erinnern sie in gewisser Weise an Saunen. Das ehemalige Gelände der internationalen Gartenschau ist gleich um die Ecke.
Am Inselpark 19, 21109 Hamburg
Tel. 0 40/3 02 15 61 00
www.raphaelhotelwaelderhaus.de, €–€€

5

DER BREMER ROLAND

53° 4' 33" NORD / 8° 48' 25" OST

DREH- UND ANGELPUNKT Bremens ist der Markt-platz. Hier steht der Roland, das Wahrzeichen der Freien Hansestadt und Symbol ihrer Eigenständigkeit. Wer sich an der mittelalterlichen Statue einmal um die eigene Achse dreht, erfasst das Wesentliche der: das dominante Rathaus, ein Paradebeispiel der sogenannten Weser-renaissance, das Schütting genannte ehemalige Haus der Kaufmannschaft und das in den 1960er-Jahren erbaute Haus der Bürgerschaft. Etwas zurückgesetzt steh Lieb-frauenkirche und St.-Petri-Dom. Der Anfang des 15. Jahr-hunderts errichtete Roland war mit über 10 m die größte freistehende Statue des Mittelalters. Mit erhobenem Schwert und Doppeladler im Wappen demonstriert er Bremens Anspruch auf Reichsfreiheit. Wenn »Freimarkt« ist, kommen noch Luftballons und Lebkuchenherz dazu. Die Hanseaten an der Weser lieben ihre Freiheit eben. Genauso wie die Letten – Stichwort: Singende Revolution.

Seit der Gründung Rigas 1201 durch den Bremer Bischof Albert von Buxhoeveden sind beide Hansestädte verbunden. Auch die Rigaer Rolandstatue auf dem Rat-hausplatz steht für Freiheit und Gerechtigkeit, ist aber etwas kleiner und wesentlich jünger als das Bremer Pen-dant. Der Rigaer Roland wendet sich zum Rathaus, doch prachtvoller ist das Schwarzhäupterhaus dahinter mit seiner schmucken niederländischen Renaissancefassade. Es ist benannt nach der Gilde der ledigen Kaufleute, der Compagnie der Schwarzen Häupter, die heute als Verein in Bremen organisiert sind. Ein Teil ihres kostbaren Ta-felsilbers ist in Riga ausgestellt, ein anderer im Bremer Roselius-Museum. Überschwänglicher Jugendstil wie in Riga ist in Bremen nicht zu finden, dafür das expressio-nistische Gesamtkunstwerk der Böttcherstraße und die Altbremer Häuserreihen: mit Souterrain und Vorgarten, mal klassizistisch, mal Jugendstil oder Historismus.
www.bremen.de

Roland vor dem Schwarzhäupterhaus, Riga, Lettland
56° 56' 57" Nord / 24° 6' 17" Ost

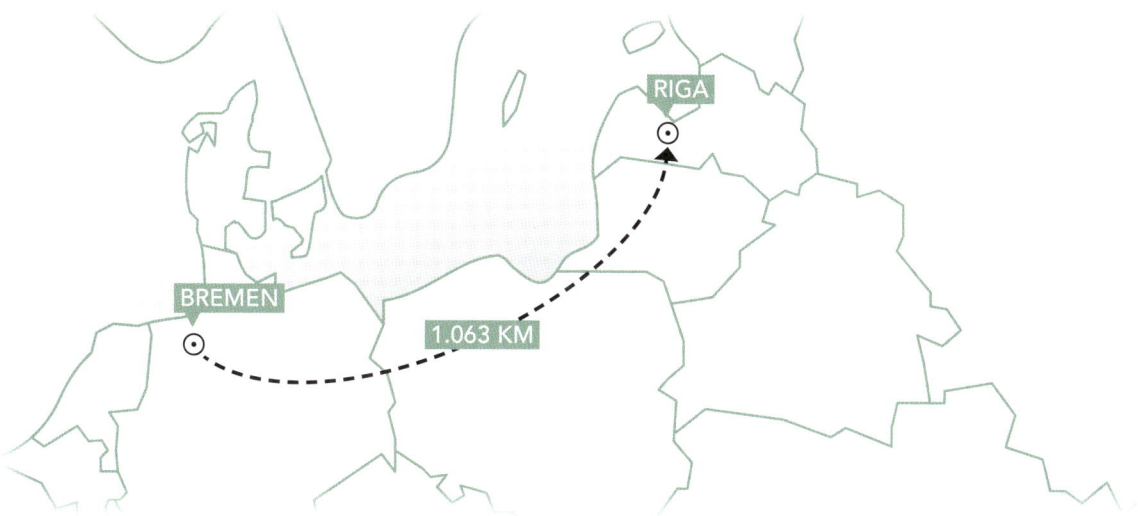

Roland-Standbilder gibt es auch in anderen europäischen Städten, doch die Bremer Statue ist eine der ältesten und bekanntesten. Die Rolande symbolisierten zunächst das Markt- und Stadtrecht, zunehmend darüber hinaus auch die bürgerliche Freiheit gegenüber der höfischen und kirchlichen Macht.

RESTAURANTS

KLEINER RATSKELLER
Das holzvertäfelte Restaurant ist trotz der zentralen Lage bodenständig. Mit Klassikern der Bremer Küche wie Knipp, Pannfisch oder Labskaus sind die Gäste bestens bedient.
Hinter dem Schütting 11, 28195 Bremen Tel. 04 21/68 49 21 12, Di–Sa 12–15 und 18–21.30 Uhr, www.kleiner-ratskeller.com

KÜCHE 13
Liebhaber feiner Fleisch- und Fischgerichte können sich genauso wie Vegetarier auf eine kreative, saisonale Küche, die gemütliche Einrichtung – und erschwingliche Preise freuen. *Beim Steinernen Kreuz 13, 28203 Bremen, Tel. 04 21/20 82 47 21 Di–Do 18–24, Fr–Sa 18–1 Uhr, www.kueche13.de*

ÜBERNACHTUNGEN

ALEXANDER VON HUMBOLDT
Der grüne Traditionssegler, als Beck's-Schiff aus der Werbung bekannt, ist in den Heimathafen zurückgekehrt. Der generalüberholte Dreimaster verfügt nun über 38 Kojen in modernen Doppel- und Vierbettkabinen mit Bad, WC, TV und WLAN. Auch ein Restaurant ist mit an Bord. *Schlachte 1a Martinianleger, 28195 Bremen, Tel. 04 21/38 03 96 99, www.alex-das-schiff.de, €–€€*

HOTEL ZUM KUHHIRTEN
Auf dem Stadtwerder zwischen Weser und Kleiner Weser, inmitten von Schrebergärten und Grünanlagen, sind ruhige Nächte garantiert. Ein Badestrand und ein Café sind zu Fuß schnell erreicht, aber auch die Altstadt ist kaum 2 km entfernt und das Hotel zudem durch die Straßenbahn bestens an den öffentlichen Nahverkehr angebunden. Und das Weserstadion ist auch nicht weit! *Kuhhirtenweg 5 28201 Bremen, www.hotel-zum-kuhhirten.de, €€*

ST.-PETRI-DOM

Der romanisch-gotische Dom mit der hohen Doppelturmfassade diente als Grablege vieler Bischöfe und Erzbischöfe. Die Grabbeigaben sind neben Sakralkunst im Dommuseum ausgestellt. Außerdem gibt es eine Art Kuriositätenkabinett: Im sogenannten Bleikeller sind acht mumifizierte Leichname aus der Krypta, wo einst das Blei für die Dachplatten lagerte, in offenen Särgen zu bestaunen. Tja, das Leben ist endlich! Dem Himmel näher bringt einen auch die Turmbesteigung.
Sandstr. 10–12, 28195 Bremen
Dom: Mo–Fr 13–17, Sa ab 11, So ab 14 Uhr
Bleikeller: Mo–Sa 10–16.45, So ab 12 Uhr
Dommuseum: Mo–Fr 13.30–16.45, Sa 11–13.30, So 14–16.45 Uhr
www.stpetridom.de

BÖTTCHERSTRASSE

Die 110 m lange Straße zwischen Marktplatz und Weserufer wurde in den 1920er-Jahren im Auftrag des Kaffeeunternehmers Ludwig Roselius durch den Bildhauer und Architekten Bernhard Hoetger neu gestaltet. Das Paula Moderson-Becker Museum zeigt nicht nur das Werk der Malerin, sondern auch des Architekten – und gewährt einen Blick hinter die expressionistischen Backsteinfassaden. Genauso wie das Ludwig Roselius Museum, das den Schatz der Schwarzhäupter birgt.
Museen Böttcherstr., Böttcherstr. 6
28195 Bremen, Tel. 04 21/3 38 82 22
Di–So 11–18 Uhr
www.museen-boettcherstrasse.de

WESERBURG

In dem Ensemble historischer Speicherhäuser auf dem Stadtwerder widmet sich heute das Museum für moderne Kunst internationalen Arbeiten der Gegenwart und jüngeren Vergangenheit – wie Fluxus und Nouveau Réalisme, der Sound, Conceptual und Minimal Art. Bevor die Kulturszene die Gebäude entdeckte, waren hier fast 100 Jahre lang eine Zigarrenfabrik und eine Kaffeerösterei ansässig.
Teerhof 20, 28199 Bremen, Tel. 04 21/5 98 39-0
Di–So 11–18 Uhr, www.weserburg.de

An der Böttcherstraße wurden in früheren Zeiten, wie der Name verrät, Fässer hergestellt. Ludwig Roselius, der das heute zu bewundernde Backsteinensemble bauen ließ, wurde übrigens reich durch die Erfindung entkoffeinierten Kaffees – Kaffee HAG.

HAFENMUSEUM SPEICHER XI

Auch wenn die riesigen Containerpötte Bremerhaven anlaufen, bleibt Bremen Hafenstadt. Große Teile des Areals werden heute aber branchenfremd genutzt: Neben Altbauten entstehen neue Geschäfts-, Büro- und Wohnviertel wie die Überseestadt. Im Speicher XI wird die Geschichte des Hafens seit dem 19. Jahrhundert dokumentiert, werden Waren, Reedereien, spezifische Berufe und künftige Projekte vorgestellt. Wo einst Baumwolle lagerte, erfahren Besucher nun, wie schwer so ein Kaffeesack von 60 kg zu bewegen ist. Etwa 1000 Stück davon mussten zwei Hafenarbeiter am Tag schleppen.
Am Speicher XI 1, 28217 Bremen
Tel. 04 21/3 03 82 79, Do–So 11–18 Uhr
www.hafenmuseum-speicherelf.de

GERHARD-MARCKS-HAUS

Die Ausstellungen dieses beeindruckenden Museums beschränken sich nicht auf Arbeiten des namengebenden Bildhauers und Grafikers Gerhard Marcks, der u. a. die Skulptur der Bremer Stadtmusikanten an der Rathausseite schuf, sondern präsentieren auch weitere moderne und zeitgenössische Bildhauerei und damit die internationale Bandbreite plastischer Gestaltung. Das Museum im ehemaligen Wachhaus bildet mit dem Wilhelm-Wagenfeld-Haus im früheren Detentionsgebäude gegenüber das klassizistische Torhausensemble der Ostertorwache.
Am Wall 208, 28195 Bremen
Tel. 04 21/9 89 75 20
Di, Mi, Fr–So 10–18, Do bis 21 Uhr
www.marcks.de

6

CALENBERGER LAND

52° 15′ 17″ NORD / 9° 40′ 13″ OST

Wildblumen, stimmungsvolle Sonnenuntergänge über einer sanft welligen Landschaft sowie einige schöne Burgen und Schlösser bezaubern den Besucher im Calenberger Land. Da kann man auf Zypressen und Weinberge durchaus verzichten.

KEGELFÖRMIGE BÄUME in leicht hügeliger Landschaft. Nebel hängt in den Talsenken, die von Wildblumenwiesen übersät sind – das muss die Toskana sein, oder? Nein, solch eine Landschaft gibt es auch in Norddeutschland. Zwischen Hannover und Hameln breitet sich das Calenberger Land aus, das Ende der Norddeutschen Tiefebene, bevor der Höhenzug Deister seine wellenförmigen Linien an den Horizont malt. Das Calenberger Land ist bislang noch ein Geheimtipp für den Deutschlandurlaub. Eine Landschaft, in der Bauernhöfe dominieren, denn der Lehmboden gehört zu den fruchtbarsten weit und breit. Manchmal liegen die Gehöfte einsam und wie hingeworfen zwischen den Alleen und Feldern. Hügel bieten immer wieder fantastische Aussichtspunkte.

Man muss also nicht in die Region Chianti fahren, um italienische Momente zu erleben. Im Calenberger Land thront die Wittenburger Kirche einsam auf einem Hügel und gibt den Blick auf das gesamte Weserberg-

land frei. In den Gärten verströmt der Lavendel seinen Duft, Malven und Sonnenblumen färben die Felder bunt. Das Bergdorf Lüdersen punktet mit kleinen Gassen und Fachwerkhäusern. Statt Reben wachsen im Calenberger Land Apfelbäume in Reih und Glied. Erdbeerstauden laden zum Naschen ein, ebenso wie deftiger Wildschweinschinken in den Geschäften und Restaurants.

Im Calenberger Land wird kein Wein produziert, dafür ist es Heimat von Schnaps und gutem Benehmen, denn kein Geringerer als Freiherr von Knigge hatte dort seinen Adelssitz – ebenso wie die Könige von Hannover übrigens, die noch heute in der englischen Thronfolge an x-hunderster Stelle stehen. Weit hinten, aber immerhin … Ihr Stammsitz, Schloss Marienburg, hat alles, was ein Märchenschloss ausmacht, aber weil die bodenständigen Niedersachsen lieber auf Zuckerrüben und Windräder setzen als auf Tourismus, bleibt dieses neugotische Schloss wohl ein ewiger Geheimtipp. So wie die gesamte Gegend – also hin, solange sie noch nicht überlaufen ist, und die toskanischen Momente genießen, die Alleen und Felder im Morgennebel bieten!

Chianti, Toskana, Italien
43° 35′ 6″ Nord / 11° 19′ 1″ Ost

»Neuschwanstein des Nordens« wird Schloss Marienburg auch genannt, tatsächlich aber ist Neuschwanstein das spätere Bauwerk: Als man 1869 in Bayern mit dem Bau begann, war Schloss Marienburg gerade fertiggestellt worden.

SAUPARK

Das einstige Jagdrevier der Könige von Hannover ist heute ein wunderbares Wandergebiet, und mit etwas Glück sieht man dort auch Rotwild, Damwild, mindestens aber Wildschweine. Insgesamt 14 km² misst das Waldgebiet am Höhenzug des Kleinen Deister, das von einer 16 km langen Sandsteinmauer eingefasst ist. Teil des Sauparks ist der Tierpark Wisentgehege.
Tourist Info: Zum Niederntor 26, 31832 Springe
Tel. 0 50 41/7 32 73, Mo–Fr 10–14 Uhr
www.springe.de

MARIENBURG

Zinnen und Türmchen erheben sich über der Ebene – das ist doch Neuschwanstein, oder? Nun, Märchenschlösser gibt es auch im Norden! König Georg V. von Hannover ließ Schloss Marienburg als Geschenk für seine Frau Marie zwischen Hannover und Hildesheim als Sommersitz errichten. Heute ist es Museum und Veranstaltungsort für Konzerte und Feste.
Marienberg 1, 30982 Pattensen
Tel. 0 50 69/34 80 00, Di–So 10–18 Uhr
www.schloss-marienburg.de

ROSEN AM HILDESHEIMER DOM

Als Gotteshaus ist der Dom schon beeindruckend mit der reich geschmückten Tür, den Doppeltürmen und dem Dommuseum. Doch die meisten Besucher kommen vor allem einer Pflanze wegen: Der 1000-jährige Rosenstock, der an der Außenwand des Chors emporrankt, soll auf die Zeit Ludwigs des Frommen zurückgehen. Bis heute blüht er jedes Jahr im Mai/Juni.
Domhof, 31134 Hildesheim
Mo–Fr 10–18, Sa 10–16.30, So 12–17.30 Uhr
www.dom-hildesheim.de

DEISTER FREILICHTBÜHNE

Im Sommer mitten im Wald draußen sitzen und Musicals lauschen oder Theater gucken, während in der Luft der Bussard kreist: Die Deister Freilichtbühne in Barsinghausen ist noch ein echter Geheimtipp. Viele der Stücke haben sehr hohe Qualität in Komposition und Darstellung. Übrigens: Von schlechtem Wetter lassen sich die Darsteller kaum beeindrucken.
Karten über Tel. 0 51 05/6 44 45
www.deister-freilicht-buehne.de

HAMELN

Das Märchen vom Rattenfänger hat die Stadt berühmt gemacht. Und tatsächlich findet man bis heute vieles, was an die berühmte Geschichte erinnert, etwa das reich verzierte Rattenfängerhaus oder ein Musical.

Doch auch jenseits der Sage hat die Kleinstadt viel zu bieten mit ihren hübschen Fachwerkhäusern und der Innenstadt nah am Weserufer.
Tourist Info: Deisterallee 1, 31785 Hameln
Tel. 0 51 51/95 78 23
April–Okt. Mo–Fr 9–18, Sa, 9.30–15, So 9.30–13 Uhr
www.hameln.de

PADDELN AUF DER LEINE

Von Feldern und Wiesen gesäumt schlängelt sie sich im Osten entlang und passiert sogar den Fuß der Marienburg: Die Leine eignet sich als Fluss ideal zum Paddeln. Kanus oder Kajaks können geliehen werden, Touren gibt es in unterschiedlicher Länge und von unterschiedlichen Startpunkten aus.
Touren buchbar beispielsweise bei Leinekanu
Tel. 01 75/5 26 71 57, www.leinekanu.de

RESTAURANTS

GASTHAUS MÜLLER GÖXE
Der typische Landgasthof mag von außen etwas unscheinbar wirken, überzeugt dann aber mühelos vor allem mit seiner gehobenen regionalen Küche. Weinkenner freuen sich über die umfangreiche Weinkarte.
Golterner Str. 2, 30890 Barsinghausen
Tel. 0 51 08/21 63, Mi–Sa 18–21.30,
So 11.30–14.30 und 18–21.30 Uhr

ZUR HOLZMÜHLE
An einem kleinen See am Fuße des Höhenzuges Deister gelegen, hat sich die Holzmühle den perfekten Standort für ein Ausflugslokal erhalten. Die Küche setzt auf regionale Spezialitäten mit internationalen Einflüssen. Es ist ein schöner Ort, um anschließend im gegenüber gelegenen Saupark spazieren zu gehen. Angeschlossen ist auch ein Hotel.
Holzmühle 1, 31832 Springe, Tel. 0 50 44/12 37
Mi–Do 12–18, Fr, Sa länger, So 11–17 Uhr,
www.zur-holzmuehle.de

ÜBERNACHTUNGEN

BENTHER BERG
Auf einer kleinen Anhöhe am Rande des beschaulichen Dorfes Benthe liegt dieses Hotel fast mitten im Wald. Die Zimmer sind modern und behaglich ausgestattet, es gibt sogar einen kleinen Wellnessbereich. Exquisit ist das angeschlossene Restaurant mit seiner saisonalen Küche.
Vogelsangstr. 18, 30952 Ronnenberg
Tel. 0 51 08/64 06-0
www.hotel-benther-berg.de, €€

LEINE HOTEL PATTENSEN
Ein modernes Hotel mitten auf dem Land – das Leine Hotel in Pattensen versteht es, Wohlfühlstimmung zu verbreiten. Das Preis-Leistungs-Verhältnis stimmt, die Zimmer sind angenehm modernisiert, und der Ort liegt schön zentral für Erkundungen des Umlandes.
Schöneberger Str. 43, 30982 Pattensen
Tel. 0 51 01/91 80
www.leinehotel.de, €

7

KAISERPFALZ GOSLAR

51° 54' 18" NORD / 10° 25' 40" OST

DER HARZ IST ETWAS FÜR ROMANTIKER – und die altehrwürdigen Städtchen an seinem Rand liefern das Verwöhnprogramm: verwinkelte Gassen mit schmucken Fachwerkhäusern, manch windschiefe Mauer und noch mehr lauschige Ecken. So auch in Goslar. Schon die römisch-deutschen Kaiser fühlten sich bei ihren Reisen durchs Reich hier so wohl, dass sie Goslar zur zentralen Pfalz erkoren. Die im romanischen Stil errichtete Kaiserpfalz ist der älteste, größte und am besten erhaltene Profanbau des 11. Jahrhunderts. Hier wohnten die Herrscher mit ihrem Gefolge, hier versammelten sich die geistlichen und fürstlichen Würdenträger bei Hof- und Reichstagen.

Wer Goslar kennt, kennt Qingdao – zumindest die Altstadt. Für Tausende chinesischer Brautpaare ist die Stadt am Gelben Meer der Inbegriff der Romantik und somit Ziel vieler Hochzeitsreisen. Zwischen 1897 und 1914 wurde Tsingtau – damals war die Umschrift eine andere – in der Kolonie Kiautschou zur deutschen Musterstadt ausgebaut. Davon zeugt die von Historismus mit Jugendstilelementen geprägte Architektur, etwa die heute als Museum zugängliche Gouverneursresidenz, der Alte Bahnhof, ein Postamt oder die Brauerei, in der heute das weltbekannte Tsingtao-Bier gebraut wird. Auf der Turmuhr an der Christuskirche steht es deutlich: J. F. Weule, Bockenem am Harz. Dieselbe Firma war für das Uhrwerk der Goslarer Marktkirche verantwortlich. Wie Goslar ist Qingdao ein idealer Ausgangspunkt für Wanderausflüge. Wege und Seilbahnen erschließen die umliegenden Wälder und Gipfel. Nur Sänften und Teeplantagen fehlen im Harz. Mit der Fülle prächtiger Fachwerkhäuser übertrumpft Goslar allerdings die chinesische Millionenmetropole – wen stört es da, dass man statt Meeresrauschen nur das Plätschern von Gose und Abzucht hört …

www.goslar.de/tourismus, www.welterbeimharz.de

Ehemalige Gouverneursresidenz, Qingdao, China
36° 3' 52" Nord / 120° 18' 48" Ost

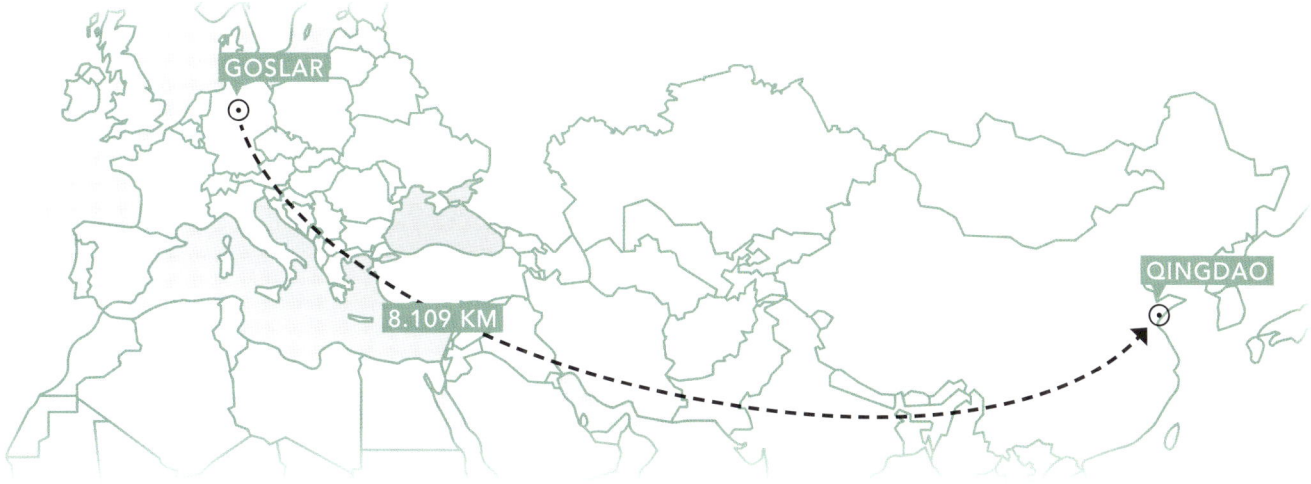

GOSLAR

QINGDAO

8.109 KM

Dominantes Gebäude der Kaiserpfalz in Goslar unterhalb des Rammelsbergs ist das Kaiserhaus.
Vor dem Eingang grüßen hoch zu Ross die Kaiser Friedrich Barbarossa und Wilhelm I. Hinter den
Rundbogenfenstern befindet sich der Kaisersaal, der Arkadengang führt zur Ulrichskapelle.

KAISERPFALZ GOSLAR

Im Süden der Altstadt bezeugt die mittelalterliche Residenz deutscher Kaiser und Könige die meisterliche Baukunst des 11. Jahrhunderts. Ihr heutiges Erscheinungsbild geht im Wesentlichen auf Heinrich III. zurück. Hier traten die Reichstage zusammen – 23 Mal, zuletzt 1219. Danach verfiel das Ensemble mit Dom, Pfalzkapelle, Kurien- und Wohngebäuden bis zur Gründung des Deutschen Reichs 1871. Mit der Restaurierung der Pfalz wollte Wilhelm I. die Hohenzollern in eine Reihe mit den römisch-deutschen Kaisern rücken. Im zentralen Kaiserhaus befindet sich die aula regia, der fast 800 Quadratmeter große Kaisersaal. Seit dem 19. Jahrhundert schmücken ihn Hermann Wislicenus' riesige Wandgemälde zur Geschichte des Heiligen Römischen Reichs. Das Herz des 1056 verstorbenen Kaisers Heinrich III. ruht in der angegliederten Ulrichskapelle. Besucher können auch den mittelalterlichen Thron aus Rammels-

berger Erz bewundern, der einst im Dom stand, von dem aber nur die Vorhalle erhalten blieb.
Kaiserbleek 6, 38640 Goslar, April–Okt. tgl. 10–17, Nov.–März 10–16 Uhr, www.goslar.de

RAMMELSBERG – MUSEUM & BESUCHERBERGWERK

Fast 1000 Jahre war das Erzbergwerk Rammelsberg kontinuierlich in Betrieb, bevor es 1988 für den kommerziellen Bergbau geschlossen wurde. Kupfer, Silber, Blei und andere Buntmetalle wurden in dieser Zeit geschürft. Die reichen Erzvorkommen der Gegend bildeten nicht nur die wirtschaftliche Basis der kaiserlichen Macht, sondern verhalfen auch den Goslarer Bürgern zu Wohlstand. Heute können Besucher mit der Grubenbahn in den Berg einfahren, aber auch dem Weg des Wassers durch den Roeder-Stollen folgen und die Mineralienausstellung zwischen den Erzaufbereitungsmaschinen bewundern.

RESTAURANTS

BRAUHAUS GOSLAR
In dem Fachwerkbau aus dem 18. Jahrhundert werden zum hauseigenen Bier, Gose hell und dunkel, oder zum naturtrüben Rammelsberger Pils regionale Spezialitäten serviert. Gern bestellt werden Bierbeißer, Treberbrot mit Schmalz und Harzkäse oder die Bratwürste vom Harzer Roten Höhenvieh.
Marktkirchhof 2, 38640 Goslar, Mo–Fr ab 12, Sa–So 11–21 Uhr, www.brauhaus-goslar.de

SCHNEEWEISS & ROSENROT
Märchenhaft wie der Name sind die vegetarischen und veganen Köstlichkeiten, ob süß oder deftig, vorwiegend aus Bio-Anbau. Das Café-Bistro ist eine gute Adresse fürs Frühstück, den kleinen Mittagstisch sowie für Kaffee und hausgebackenen Kuchen.
Bäckerstr. 105, 38640 Goslar
Tel. 0 53 21/46 92 44, Mo–Mi 8.30–18, Do–Fr bis 20, Sa 10–21, So 10–18 Uhr
www.veggievegan-goslar.de

ÜBERNACHTUNGEN

LIONO BOUTIQUEHOTEL
Die herrschaftliche Villa in Hanglage bietet einen zauberhaften Blick über die Stadt, eine schöne Terrasse und einen Garten. Die mit Parkett und Designmöbeln ausgestatteten Zimmer wirken hell und freundlich.
Schieferweg 6, 38640 Goslar, Tel. 0 53 21/2 30 98 www.hotel-liono.de, €

ROMANTIK HOTEL ALTE MÜNZE
Das historische Ambiente mit freigelegten Balken und Holzdielen unterstreicht die gemütliche Atmosphäre. Die Zimmer sind großzügig und gleichzeitig behaglich: die perfekte Kombination von Tradition und modernem Komfort. Wenn es in Goslar nur nicht so viel zu sehen gäbe ... Restaurant und Bar sind auch im Haus zu finden.
Münzstr. 10–11, 38640 Goslar
Tel. 0 53 21/2 25 46
www.hotel-muenze.de, €€

Um das Kloster Walkenried spinnen sich einige alte Legenden. So soll ein Loch im Boden des Dormitoriums als »Lutherfalle« gedient haben – hätte sich der Reformator in die Abtei gewagt, wäre er direkt in die Kanalisation gestürzt. Dass im 14. Jahrhundert ein Mönch von seinen Mitbrüdern hier ermordet wurde, ist allerdings verbürgt. Wie meist ging es um Geld und Macht.

Bergtal 19, 38640 Goslar, Tel. 0 53 21/75 00
April–Okt. tgl. 9–18, Nov.–März 9–17 Uhr
www.rammelsberg.de

KLOSTER WALKENRIED

Das Zisterziensermuseum gewährt Zugang zum erhaltenen Klausurgebäude mit dem wohl schönsten gotischen Kreuzgang Norddeutschlands, mit Büßerzelle, Kapitel-, Brüdersaal und Dormitorium. Mehr über die Mönche, die ihren Reichtum Bergbauanteilen, Montanwissen und Erzhandel verdankten, erfährt man im Infozentren zum UNESCO-Welterbe »Bergwerk Rammelsberg, Altstadt von Goslar und Oberharzer Wasserwirtschaft«.
Steinweg 4a, 37445 Walkenried
Tel. 0 55 25/9 59 90 64, Di–So 10–17 Uhr
www.kloster-walkenried.de

LIEBESBANKWEG HAHNENKLEE

Nicht nur Qingdao hat Hochzeitsreisenden was zu bieten: Auf dem 7 km langen Rundwanderweg um den Bocksberg finden sich reichlich lauschige Plätze für romantische Momente im Grünen. Außer Bänken stehen am Wegesrand liebevoll gestaltete Kunstobjekte, darunter Gondeln, Partnerschaukel, Tor und Quelle der Liebe.

Tourist Info: Hahnenklee-Bockswiese
Kurhausweg 7, 38644 Goslar-Hahnenklee
Tel. 0 53 25/5 10 40, www.liebesbankweg.de

TURMUHRENMUSEUM BOCKENEM

Die Ausstellung widmet sich der Geschichte der Turmuhrenfabrik und Glockengießerei J. F. Weule, die von 1836 bis 1966 bestand, und ihren Erzeugnissen, die weltweit gefragt waren – auch im fernen Qingdao: Uhren mit mächtigen Rädern, Geh- und Schlagwerken.
Buchholzmarkt 21, 31167 Bockenem
Tel. 0 50 67/24 76 74, Sa–So 15–17 Uhr
www.turmuhrenmuseum-bockenem.de

OBERHARZER BERGBAUMUSEUM

Die anschauliche Dokumentation der Lebens- und Arbeitsbedingungen im Bergbau seit dem Mittelalter fasziniert ebenso wie das Schachtgebäude und der Besucherstollen. Das Museum ist aber auch der ideale Einstieg für Informationen über die Oberharzer Wasserwirtschaft und zentrale Anlaufstelle für geführte Touren.
Bornhardtstr. 16, 38678 Clausthal-Zellerfeld
tgl. 10–17 Uhr
www.oberharzerbergwerksmuseum.de

8

HÖHLENWOHNUNGEN LANGENSTEIN

51° 51′ 11″ NORD / 10° 59′ 24″ OST

»Troglodyten« nennt die Wissenschaft Menschen, die in Höhlen wohnen. Die Familien, die im 19. Jahrhundert in diesen Behausungen lebten, dürften sich selbst eher als »normale Menschen« betrachtet haben, die sich eben auf ungewöhnliche Weise häuslich eingerichtet haben.

17.800 KM

SIE SITZEN GERNE GESELLIG IN IHREN HÖHLEN und essen eigentlich den ganzen Tag: Hobbits sind schon knuffige kleine Wesen mit lustigen Haaren auf den Füßen. An diese Romanfiguren aus »Der Herr der Ringe« dürften viele Besucher des nördlichen Harzvorlandes denken, wenn sie in den kleinen Ort Langenstein kommen. Niemand würde sich dort verwundert die Augen reiben, wenn plötzlich Bilbo Beutlin hinter einem Baum auftauchen und in eine Höhle gehen würde – schließlich gibt es im Harz Hobbithöhlen. Genau genommen sind es Höhlenwohnungen, und sie sind einmalig in Deutsch-

land. Wohnzimmer und Küchen wurden dort von Menschen in den Stein gehauen. Wozu also in die Filmstadt von »Der Herr der Ringe« nach Neuseeland reisen, wenn man Hobbiton auch im Harz finden kann?

Die Höhlenwohnungen, die teilweise ganz wie in den Tolkien-Romanen mit Gras überwuchert sind und sich geheimnisvoll mit der Landschaft verbinden, erzählen von bitterarmen Zeiten: Mitte des 19. Jahrhunderts herrschte in der Gegend nicht nur Geldmangel, sondern auch Wohnungsnot. Damals konnten sich junge Leute für nur wenige Groschen eine Felswand kaufen und in reiner Handarbeit mit Hammer und Meißel eine Höhlenwohnung hineinstemmen. Tief ins Innere der ockerfarbenen Sandsteinfelsen ziehen sich die Wohnungen heute, manche haben eigene Kinder- oder Schlafzimmer, andere sind einfacher ausgestattet. Nicht selten breiten sich Wiesen über den Dächern aus, manchmal sogar mit weidenden Schafen darauf. Was zunächst als Übergangslösung dienen sollte, war bald heiß begehrt, denn die Höhlenwohnungen hatten einen Vorteil: Sie waren im Winter schnell warm und im Sommer angenehm kühl. Wer einmal dort wohnte, blieb darin. So wurde erst 1910 die letzte Wohnung aufgegeben. Heute sind die Höhlenwohnungen ein Museum eines privat getragenen Vereins und am besten mit einer Führung zu besichtigen.
www.halberstadt.de/de/hoehlenwohnungen-langenstein.html

Hobbithöhlen in Neuseeland
37° 52' 19'' Süd / 175° 40' 58'' Ost

RESTAURANTS

SCHÄFERHOF

Direkt am Ort gibt es einen Gasthof, an dem die Hobbits bestimmt ihre wahre Freude hätten. Neben dem bäuerlichen Restaurant werden im Hofladen eigene Produkte verkauft (hier werden noch immer Schafe gehalten). Ein guter Platz, um sich zu stärken! Wer länger bleiben möchte, bucht ein Zimmer im angeschlossenen Landhotel.
Quedlinburger Str. 28 A, 38895 Langenstein
Tel. 0 39 41/61 38 41
Di–Do 11.30–21, Fr–Sa 11.30–22, So 11.30–20 Uhr
www.schaeferhof-langenstein.de

KAFFEERÖSTEREI LÖPER

Frisch gerösteter Kaffee, selbst gemachter Kuchen oder ein reiches Frühstück – für Zwischenmahlzeiten ist das Café genau richtig. Allein schon wegen des Geruchs ein Erlebnis. *Trillgasse 2, 38820 Halberstadt, Tel. 0 39 41/62 19 33, Di–Sa 10–18, So 14–18 Uhr, www.kaffeeroesterei-loeper.de*

ÜBERNACHTUNGEN

ROMANTIKHOTEL AM BRÜHL

Landromantik mit Schnörkeln, Backsteinen und Fachwerk sowie einen schönen Garten bietet dieses Hotel am Rande der Innenstadt. Das Restaurant mit der Weinstube und den regionalen Spezialitäten sind ebenfalls einen Besuch wert.
Billungstr. 11, 06484 Quedlinburg
Tel. 0 39 46/96 18-0, www.hotelambruehl.de, €€

HOTEL AM GRUDENBERG

Nur wenige Minuten vom Dom von Halberstadt entfernt befindet sich dieses familienbetriebene Hotel. Es liegt schön zentral, die Zimmer sind elegant, teilweise bestückt mit antiken Möbeln. Frühstücksbüfett. *Grudenberg 10, 38820 Halberstadt Tel. 0 39 41/6 91 20, www.hotel-grudenberg.de, €*

Nur wenige Autominuten von Langenstein entfernt befindet sich eine der eigenwilligsten Felsformationen des Harzes: Die Teufelsmauer wird gebildet aus einer langen Reihe von Sandsteinformationen, die tatsächlich wie eine Mauer im Vorland des Harzes steht. Ein Wanderweg führt von Blankenburg nach Ballenstedt; auf der 35 km langen Strecke sind der »Großvaterfelsen« und die drei Felsnadeln des »Hamburger Wappens« die beliebtesten Sehenswürdigkeiten.
Tourist-Information Blankenburg
Schnappelberg 6, 38889 Blankenburg (Harz)
Tel. 0 39 44/36 22 60
Mo–Fr 10–17, Sa, So 10–15 Uhr
www.blankenburg.de

Er gilt als einer der reichsten Kirchenschätze Europas: Mit seinen mehr als 600 Stücken ist der Domschatz von Halberstadt eine wahre Fundgrube für Freunde von Kirchengegenständen. Zu sehen sind Relieftafeln, Reliquien, Gewänder und wertvolle Teppiche. Und auch sonst lohnt sich der Ausflug in den Dom: Er gilt als vollendetes Zeugnis gotischer Baukunst und beeindruckt durch seine Raumwirkung und die Glasmalereien aus dem 14. Jahrhundert.
Domschatz Halberstadt, Domplatz 16 a
38820 Halberstadt, Tel. 0 39 41/2 42 37
Mi–Sa 10–17, So 11–17 Uhr
www.dom-schatz-halberstadt.de

Der Ruf, die schönste Fachwerkstadt im Harz zu sein, eilt Quedlinburg voraus, obwohl es gar nicht direkt im Harz liegt. Ein Besuch der Stadt sollte aber auf jeden Fall drin sein. Es gibt viel zu entdecken, nicht nur die kleinen Straßen mit den bunten restaurierten Häusern, sondern auch ein Schloss und viele Museen und Galerien.
Tourist Info: Markt 4, 06486 Quedlinburg
Tel. 0 39 46/9 05 62 24
April–Okt. Mo–Sa 9.30–18, So 10–15,
Nov.–März Mo–Do 9.30–17, Fr–Sa 9.30–18 Uhr
www.quedlinburg-info.de

Eine Menge Sagen ranken sich um die Teufelsmauer. Gott und der Teufel etwa hätten sich darum gestritten, wem die Welt gehört, und der Teufel habe die Mauer als Grenze gebaut.

Die über 1000-jährige mittelalterliche Altstadt Quedlinburgs blieb im Zweiten Weltkrieg fast unzerstört, wurde nach der Wende umfangreich restauriert und ist heute UNESCO-Welterbe.

BURGRUINE REGENSTEIN

Wer noch nicht genug von Höhlen hat, der ist in der Burgruine Regenstein genau richtig. Sie liegt als Festung auf einem Hügel, und das Besondere an ihr ist, dass viele ihrer Räume in die Felsen gehauen wurden, sodass auch sie aussieht, als würde sie aus Höhlen bestehen. Kanonen und Verliese machen sie auch zu einem spannenden Ziel für Familien. Unterhalb der Festung befinden sich zudem sehenswerte Sandsteinhöhlen.
Am Platenberg, 38889 Blankenburg (Harz)
April–Okt. tgl. 10–18,
Nov.–März Mi–So 10–16 Uhr
www.blankenburg.de

GLASMANUFAKTUR HARZKRISTALL

Handwerkskunst live erleben können Besucher bei der Glasmanufaktur Harzkristall. Sie gehört zu den letzten Glashütten Deutschlands, in der die Stücke tatsächlich noch mundgeblasen werden. Bei einer halbstündigen Führung tauchen die Besucher ein in die Welt des Glasmachens und können am Schluss den Glasbläsern über die Schultern schauen. Sonntags und auf Anfrage besteht sogar die Möglichkeit, sich selbst in der Kunst des Gläserblasens zu versuchen.
Im Freien Felde 5, 38895 Derenburg
Jan.–März tgl. 10–17, April–Dez. 10–18 Uhr
Tel. 0 39 45/3 68 00, www.harzkristall.de

9

ST. NIKOLAI IN POTSDAM

52° 23' 46" NORD / 13° 3' 40" OST

ZUM TITEL »EWIGE STADT« reicht es bei der Geschichte Potsdams nicht ganz. Denn im Vergleich zu Rom ist Poztupimi – so der Name in der ersten urkundlichen Erwähnung im Jahr 993 – geradezu ein Jungspund. Das hindert die heutige Hauptstadt Brandenburgs aber nicht daran, einige gewitzte Parallelen zur italienischen bzw. vatikanischen Kapitale zu unterhalten. Das gilt in ganz besonderer Weise für die evangelische St. Nikolaikirche, die im 19. Jahrhundert geplant und ausgeführt wurde. Nach der fast vollständigen Zerstö-

rung während des Zweiten Weltkriegs wurde sie bis 2010 aufwendig wiederaufgebaut. Sie stellt eine klassizistische Neuinterpretation ihres katholischen Renaissancevorbilds St. Peter dar. Beide gestalten ihren imposanten, weithin sichtbaren Kuppelbau auf einer nahezu quadratischen Grundform – wobei das Quadrat in Rom Teil einer longitudinal ausgerichteten Basilika ist, während in Potsdam die Kuppel ganz für sich spricht. Für die Kuppel in Rom zeichnete im 16. Jahrhundert kein Geringerer als Michelangelo Buonarroti verantwortlich. Das Fecit zur Nikolaikirche gebührt dem wohl bekanntesten Architekten Preußens: Karl Friedrich Schinkel. Beide Meister schufen auf ihre Weise eine beeindruckende Wirkung. Beim Betreten der Kirchen erwartet den Besucher jeweils eine sagenhafte Raumerfahrung mit der Kuppel als architektonischer Krone, die Wuchtigkeit und Konzentration perfekt austariert. Und wo der Katholizismus mit reicher Verzierung und Kunstschätzen aufwartet, kontert St. Nikolai mit klar protestantischer Kontur und akzentuiert-stilsicherer Klarheit. Übrigens sind es genau diese Unterschiede, die den Vergleich beider Kirchen so lohnend machen. In Yamoussoukro an der Elfenbeinküste findet sich eine tatsächliche Replik des Petersdoms, und dort geriet das einfache Nachbauen gefährlich nah an den Kitsch. Im Wechselspiel verleihen sich Peter und Nikolai hingegen gegenseitig neue Bedeutung und glänzen jeweils mit ihren ganz eigenen Akzenten.

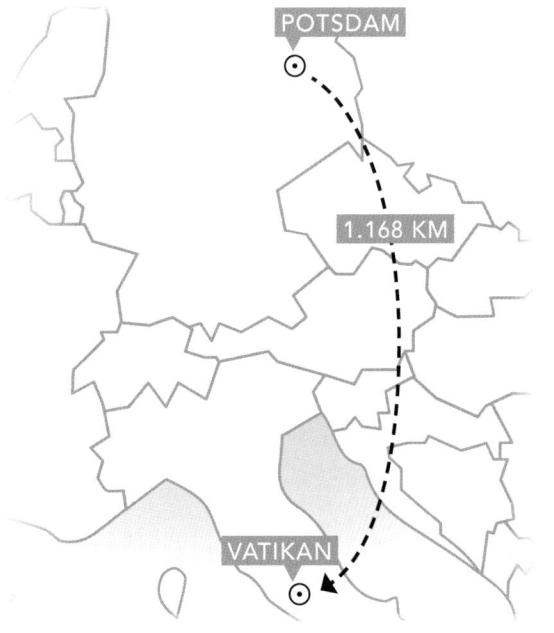

POTSDAM

1.168 KM

VATIKAN

Rechts: Petersdom, Vatikan, Italien
41° 54′ 9′ Nord / 12° 27′ 14″ Ost

Unten: Hinter dem Potsdamer Stadt-
schloss erhebt sich die Kuppel der Nikolai-
kirche. Beide Gebäude wurden 1945
zerstört, doch während St. Nikolai schon
zu DDR-Zeiten wieder aufgebaut wurde,
ist das Schloss eine nach 2000 neu errich-
tete komplette Rekonstruktion.

Das Holländische Viertel wurde nicht nur von einem niederländischen Baumeister im holländischen Stil entworfen, es sollte auch als Wohnquartier für niederländische Handwerker dienen, die im 18. Jahrhundert gezielt – wenn auch nicht allzu erfolgreich – von den preußischen Königen angeworben wurden.

SCHLOSS SANSSOUCI

Keine Frage, in Potsdam kommt man um die vielen herrlichen Schlösser und Parks nicht herum. Und schon gar nicht um den einmaligen Sommersitz Friedrichs des Großen. Im Rokokostil nach Plänen des Königs von Preußen höchstpersönlich errichtet, liegt es herrlich auf einer Anhöhe aus Weinberg-Terrassen. Die Einrichtung und Ausstattung ist noch im originalen Zustand erhalten und lässt einen in die Zeit und das Leben des »Alten Fritz« eintauchen. Auf der obersten Terrasse findet man auch die Gruft des Herrschers.
Maulbeerallee 1, 14469 Potsdam, Di–So 10–18 Uhr
www.spsg.de/schloesser-gaerten/objekt/schloss-sanssouci

MUSEUM BARBERINI

Gleich gegenüber der Nikolaikirche geht es mit dem Museum Barberini direkt römisch weiter. Den Namen verdankt das Museum der Architektur, die ein Nachbau des Barberini-Palastes an dieser Stelle ist. Und dieser war – bis zu seiner Zerstörung im Zweiten Weltkrieg – selbst eine Nachbildung des Palazzo Barberini in Rom. Der heutige Bau wurde von dem SAP-Gründer Hasso Plattner gestiftet, der darin ein Kunstmuseum unterbrachte. Seit seiner Eröffnung finden die feinsinnig kuratierten Ausstellungen international Beachtung. Und auch die Sammlung Plattners ist unter anderem mit Meisterwerken Monets und Rodins vertreten.
Humboldtstr. 5–6, 14467 Potsdam
Mi–Mo 10–19, am ersten Do im Monat 10–21 Uhr
www.museum-barberini.com

RUSSISCHE KOLONIE ALEXANDROWKA

Rom liegt neben Russland – zumindest in Potsdam. Denn hier steht eine Kolonie, die einen direkt in die Zarenzeit entführt. Ursache waren russische Kriegsgefangene des ersten Napoleonfeldzugs, die in Potsdam eine neue Heimat fanden und – unter der Schirmherrschaft sowohl Friedrich Wilhelms III. als auch des Zaren

Alexander I. – einen Militärchor gründeten. Als der Zar starb, ließ der preußische König im Gedenken an diese Partnerschaft die Siedlung bauen. Es entstanden eine kleine Kirche sowie Grundstücke für die noch lebenden Sänger und einen Diener. Seit 1999 zählt die Russische Kolonie zum UNESCO-Weltkulturerbe.
Russische Kolonie 1–14, 14469 Potsdam
Do–Di 10–18 Uhr, www.alexandrowka.de

HOLLÄNDISCHES VIERTEL

Weiter geht die Länderreise durch Potsdam im Holländischen Viertel, das seinen Namen dem Stil ihres niederländischen Baumeisters Jan Bouman verdankt. Als Teil der Altstadt hat man es mit einer klaren planerischen Grundstruktur zu tun, die das Viertel in vier Karrees teilt. Die insgesamt 134 Gebäude sind allesamt aus Backstein errichtet und häufig mit einer niederländischen Giebelarchitektur versehen. Wie aus einem

Guss reiht sich hier Schmuckkästchen an Schmuckkästchen mit einer Vielzahl herrlicher Cafés, Bistros und kleiner Läden.
Benkertstr./Mittelstr., 14467 Potsdam

SCHLOSS CECILIENHOF

Den englischen Landhausstil zitierend, entstand das Schloss in den 1910er-Jahren. Seine Weltgeschichte beginnt allerdings erst 1945. Denn das Schloss wurde als Ort für die Potsdamer Konferenz der Siegermächte nach dem Zweiten Weltkrieg ausgewählt. Heute beherbergt es eine Dauerausstellung zu diesem weltgeschichtlichen Treffen. Von besonderer Aura sind der original erhaltene Konferenztisch sowie die Gemächer Trumans, Churchills und Stalins, die ganz nach deren Gusto eingerichtet wurden und bis heute so erhalten geblieben sind.
Im Neuen Garten 11, 14469 Potsdam
Di–So 10–16.30 Uhr, www.cecilienhof.de

RESTAURANTS

KOCHZIMMER

In diesem Wirtshaus am Wiener Platz direkt im Herzen Potsdams steht die Gaststätte zur Ratswaage, deren urige Fassade heute das Kochzimmer beherbergt. In schickem Design wird hier »neue preußische Küche« vom Feinsten serviert. Das war auch dem Guide Michelin einen Stern wert.
Am Neuen Markt 10, 14467 Potsdam
Tel. 03 31/20 09 06 66, Mi–Sa 18–23 Uhr
www.restaurant-kochzimmer.de

DREIMÄDERLHAUS

Super zentral, super bodenständig, super lecker. Dass es hier deutsche Küche auf höchstem Niveau gibt, hat sich nicht nur in Potsdam herumgesprochen. Hinzu kommen eine herrlich gemütliche Atmosphäre und ein exzellenter wie gewitzter Service.
Hermann-Elflein-Str. 12, 14467 Potsdam
Tel. 03 31/2 70 95 70
Di–Sa 12–21, So bis 15 Uhr

ÜBERNACHTUNGEN

REMISE GORKI

Die Russische Kolonie kann man nicht nur als Spaziergänger besuchen, sondern auch dort übernachten. Eines der Gebäude wurde modernisiert und zu einer Ferienwohnung ausgebaut. So wohnt es sich komfortabel mitten im Weltkulturerbe.
Russische Kolonie 3, 14469 Potsdam
Tel. 08 00/6 22 62 23, www.fewo-direkt.de/
ferienwohnung-ferienhaus/p2801818, €€
Mindestaufenthalt zwei Nächte

NH POTSDAM

Als Teil der NH-Kette bietet das Hotel moderne, komfortable Zimmer. Zugleich ist man aber auch in historischer Umgebung untergebracht, nämlich im ehemaligen Palais Brühl, dessen Ursprünge bis in die Zeit Friedrichs II. zurückreichen.
Friedrich-Ebert-Str. 88, 14467 Potsdam
Tel. 03 31/23 17-0
www.nh-hotels.de/hotel/nh-potsdam, €

10

BERLINER FUNKTURM

52° 30' 22" NORD / 13° 16' 29" OST

EIN ÜBERRAGENDES BAUWERK ist der Pariser Eiffelturm mit seinen insgesamt 324 m Höhe ohne Frage. Ganz so hoch wollte man beim Berliner Funkturm nicht hinaus. Denn um seinen Zweck als Rundfunksendemast zu erfüllen, genügte ihm schon eine Höhe von knapp 147 m. Dank der aus dem 19. Jahrhundert stammenden Beschränkung der Berliner Traufhöhe auf 22 m reicht dies für einen fantastischen Ausblick über die Stadt aber völlig aus. Man kann ihn entweder in einer Höhe von ca. 55 m auf der Restaurantebene genießen oder gleich zur Aussichtsplattform in mehr als 120 m Höhe hinauffahren.

Spätestens von hier winkt man dem Fernsehturm am Alexanderplatz zu und wird damit Teil des luftigen Dialogs, den diese beiden Giganten miteinander führen. Während das Prestigeobjekt der DDR aus den 1960er-

Rechts: Die perspektivische Verkürzung lässt den Fernsehturm am Alex im Hintergrund niedriger erscheinen als den Funkturm vorne. Tatsächlich ist Ersterer aber mit 368 m Höhe nicht nur Berlins, sondern ganz Deutschlands höchstes Bauwerk.

Unten: Eiffelturm, Paris, Frankreich
48° 51' 31" Nord / 2° 17' 40" Ost

BERLIN

872 KM

PARIS

Jahren aber seiner ganz eigenen betonbetonten Formsprache folgt, unterhält die Stahlkonstruktion des Funkturms auf dem Berliner Messegelände in Charlottenburg eine Beziehung zum Pariser Wahrzeichen. Wie Gustave Eiffel für die Pariser Weltausstellung 1889, so wies auch 1926 in Berlin Heinrich Straumers Konstruktion zur 3. Großen Deutschen Funk-Ausstellung architektonisch in die Zukunft.

Wem dies noch nicht genug *à la française* ist, dem bietet sich zurück auf dem Boden der Tatsachen ein weiteres nicht weniger spannendes Zitat. Denn als ehemals geteilte Stadt besitzt Berlin nicht nur eine, sondern gleich zwei Interpretationen der berühmten Avenue des Champs-Élysées. Die Variante der DDR erstreckt sich als Karl-Marx-Allee vom Frankfurter Tor bis zum Alexanderplatz. Mit ihren beiden Bauabschnitten ist sie nicht nur fliesengewordene Prachtstraße, sondern um das Kino International, das noch heute nichts an seiner Strahlkraft verloren hat, auch ein avantgardistisches Wohn- und Kulturprojekt. Auf der anderen Seite steht dagegen Shopping im Vordergrund: Auf dem Westberliner Gegenstück zur Pariser Edelmeile, dem Kurfürstendamm, schmelzen nicht nur Modeherzen, sondern auch Kreditkarten in Windeseile dahin.

KINDL-GALERIE

»Kenn ick, weeß ick, war ick schon«, denkt der Berliner angesichts von Gedächtniskirche, Brandenburger Tor und Reichstag. Erst 2014 eröffnet, ist das KINDL – Zentrum für Zeitgenössische Kunst dagegen noch ein Geheimtipp. Hier trifft man auf die Spitze der Gegenwartskunst am historischen Ort; die Ausstellungsräume befinden sich im ehemaligen Sudhaus der Berliner Kindl-Brauerei. Da unter dem Backsteinbau heute die Rollberg-Brauerei zu Hause ist, bildet Bier auch weiterhin die Fundamente dieses außergewöhnlichen Kulturzentrums.
Am Sudhaus 3, 12053 Berlin
Mi 12–20, Do–So 12–18 Uhr, www.kindl-berlin.de

FLUGHAFEN TEMPELHOF

So viel(e) Geschichte(n) an einem Ort! Die gigantischen Ausmaße des Flughafens Tempelhof können seine ideologische Herkunft kaum verbergen: Die Luftschutzbunker gemahnen zugleich an die mörderischen Folgen des Nazi-Regimes. Die Abfertigungshalle führt die Zeit des kommerziellen Betriebs sowie das Mammutprojekt der Berliner Luftbrücke vor Augen. Über der Halle findet man den Basketball Court und die Kegelbahnen der hier stationierten GIs. Und das sind nur die Spitzen des dortigen Erfahrungseisbergs. Gut, dass das Flugfeld viel Raum bietet, um die vielen Eindrücke bei einem Spaziergang zu verarbeiten.
Platz der Luftbrücke 5, 12101 Berlin
aktuelle Termine und Tickets über die Webseite
www.thf-berlin.de

FLUGÜBERWACHUNGS- UND ABHÖR-STATION AUF DEM TEUFELSBERG

Kalter Krieg, vielwinklige Diplomatie und ausgebuffte Spionage – das ist das Bild des geteilten Berlins in der zweiten Hälfte des 20. Jahrhunderts. Auf dem Teufelsberg kann man dem hautnah nachspüren. Denn hier

RESTAURANTS

AVOCADO CLUB
Auch abseits von Currywurst gibt es in Berlin viel zu entdecken. Dies ist ein absoluter Geheimtipp in Berlins kulinarischer Clubkultur. Ganz ohne harte Tür. Hier kommt nur auf den Teller, was seinen außergewöhnlichen Geschmack der Avocado selbst oder der kulinarischen Kombination mit ihr verdankt.
Holteistr. 13, 10245 Berlin, Di–Sa 10–22, So bis 18 Uhr, www.avocadoclub-berlin.de

VICTORIA BAR
Essen ist wichtig, Trinken aber auch. Berlin bietet hierzu einige der besten Cocktailbars Deutschlands (mindestens), von denen die Victoria Bar eine ist. Sie stellt ihr Können mit der »Schule der Trunkenheit« auch literarisch-geistreich unter Beweis.
Potsdamer Str. 102, 10785 Berlin
tgl. ab 18 Uhr mit open end
www.victoriabar.de

ÜBERNACHTUNGEN

MICHELSBERGER HOTEL
Die Bezeichnung Hotel ist eigentlich eine Untertreibung, denn mit Restaurant, Bar und umfangreichem Freizeitangebot wird einem hier ein ganzer Urlaub in nächster Nähe zur Oberbaumbrücke mit perfekter Nahverkehrsanbindung geboten.
Warschauer Str. 39–40, 10243 Berlin
Tel. 0 30/29 77 85 90
www.michelbergerhotel.com, €

THE WESTIN GRAND BERLIN
Wer einen Vorabblick auf dieses Schmuckstück werfen will, kann seine Webseite besuchen oder sich den jetzt schon Kult gewordenen Film »Victoria« ansehen. Das Finale führt durch die prächtigen Räumlichkeiten des Hotels, dessen luxuriöse Ausstattung es an nichts fehlen lässt.
Friedrichstr. 158–164, 10117 Berlin
Tel. 0 30/20 27 34 20, www.westin-berlin.com, €€

Der Teufelsberg wurde nach dem Ende des Zweiten Weltkriegs aus den Trümmern zerstörter Häuser aufgeschüttet und dadurch zum höchsten Punkt Westberlins. Dass die Westalliierten die Erhebung zur Überwachung nutzten, folgte der Logik des Kalten Kriegs.

stehen die Ruinen einer Flugüberwachungs- und Abhöranlage, die von Amerikanern und Briten ab den 1950er-Jahren bis zur Wende betrieben wurde. Zur Geschichte gesellt sich der unvergleichliche Charme des Verfalls, der die düstere Vergangenheit des Ortes kongenial unterstreicht. Der fantastische Ausblick vom Dach der Anlage auf Berlins boomende Gegenwart gleicht dies allerdings wieder aus.
Radarstation Teufelsberg, Teufelseechaussee 10
14193 Berlin
aktuelle Termine und Tickets über die Webseite
www.teufelsberg-berlin.de

SOWJETISCHES EHRENMAL IM TREPTOWER PARK

Der Treptower Park ist an sich schon ein tolles Sommer-Ausflugsziel. Die Insel der Jugend und die abgesperrte, legendenumwobene Spreeparkruine haben ihren ganz eigenen Charme. Das 1949 fertiggestellte sowjetische Ehrenmal bietet eine ganz eigene Lehrstunde in Ästhetik. Beim Anblick des Grabmals für die über 7000 russischen Gefallenen bei der Eroberung Berlins während des Zweiten Weltkriegs

trifft Stuckrad-Barres Ausdruck »Beeindruckungsarchitektur« voll zu. In seiner Wuchtigkeit stellt es ein architektonisches Musterbeispiel für die Divergenz zwischen den Ideologien dar, die hier in Berlin aufeinanderprallten.
Puschkinallee, 12435 Berlin
www.visitberlin.de/de/sowjetisches-ehrenmal-treptow

FUNKHAUS NALEPASTRASSE

Die Fahrt mit der Tram 21 in Richtung Köpenick lohnt sich. Denn am Alten Funkhaus gibt es einiges zu sehen und zu hören. Die ehemalige Rundfunkanstalt der DDR ist ein faszinierender Gebäudekomplex, der mit einem wunderschönen, komplett holzvertäfelten Aufnahmesaal 1 samt Orgel noch heute für seinen ausgezeichneten Klang und die wunderbare Atmosphäre bekannt ist. Bei einer Gruppenführung kann man all die Geheimnisse der Anlage entdecken. Oder man bucht gleich ein Ticket für ein Konzert, um die Räume im Klangkostüm exzellenter Gegenwartsmusik zu erleben.
Nalepastr. 18, 12459 Berlin
aktuelle Termine und Tickets über die Webseite
www.funkhaus-berlin.net

11

LANDSCHAFTSPARK DUISBURG NORD

51° 28' 54" NORD / 6° 46' 58" OST

WILLKOMMEN in der schönsten Großstadtoase Deutschlands! So wirbt Duisburg um Besucher. Und tatsächlich: Im Landschaftspark Duisburg Nord offenbart die Ruhrpottmetropole ihren rostigen Charme mit hohem Unterhaltungs- und Freizeitwert.

Konzerte in der Gieß- oder Gebläsehalle, Weihnachtsmarktstände auf der Piazza Metallica, Tauchabenteuer im Gasometer und der Klettersteig Via Ferrata Monte Thysso, aber auch Hochofenführungen, Skaterbahn und Fahrradtouren sowie phänomenale Aussichtspunkte bringen die Besucher zum Staunen. Neben dem stillgelegten Hüttenwerk Meiderich und alten Bunkeranlagen überraschen hier Wiesen, Gärten und Wasserflächen. Das Beste: Der Park ist rund um die Uhr geöffnet. Der Eintritt ist frei. Eine wichtige Initialzündung für die Revitalisierung der Stadt ging von der Ruhrtriennale aus. Das Kulturfestival bespielt die Industriedenkmäler, die im Rahmen der »Internationalen Bauausstellung Emscher Park« Ende des 20. Jahrhunderts für neue Nutzungen erschlossen wurden. Vorläufiges Highlight war das Jahr als Kulturhauptstadt Europas – Ruhr 2010 –, zusammen mit Essen und anderen Ruhrgebietsstädten wie Bochum, Oberhausen und Gelsenkirchen. Duisburg hat die Abhängigkeit von Thyssen und Krupp abgeschüttelt.

Ein ähnliches Comeback ist in den USA auch Detroit gelungen. Nach den Pleiten der Autoindustrie, den Rassenunruhen und der Wirtschaftskrise kehrt das Leben in die verwaiste Innenstadt zurück. Kreative und Start-up-Unternehmen schätzen die alten Art-déco-Gebäude und aufgelassenen Produktionshallen. So wurde Detroit von der ärmsten zur spannendsten Stadt der USA. Dank neuer – mitreißender – Ideen blicken sowohl Detroit als auch Duisburg hoffnungsvoll in die Zukunft. *www.duisburg-tourismus.de, www.landschaftspark.de*

Rechts: Am Wochenende wird der Landschaftspark Nord abends in ein faszinierendes Spiel aus farbigem Licht getaucht: Grün steht für Gas, Blau für Wasser, Rot für Feuer.

Unten: Zug Island, Detroit, Michigan, USA
42° 17' 19" Nord / 83° 6' 41" West

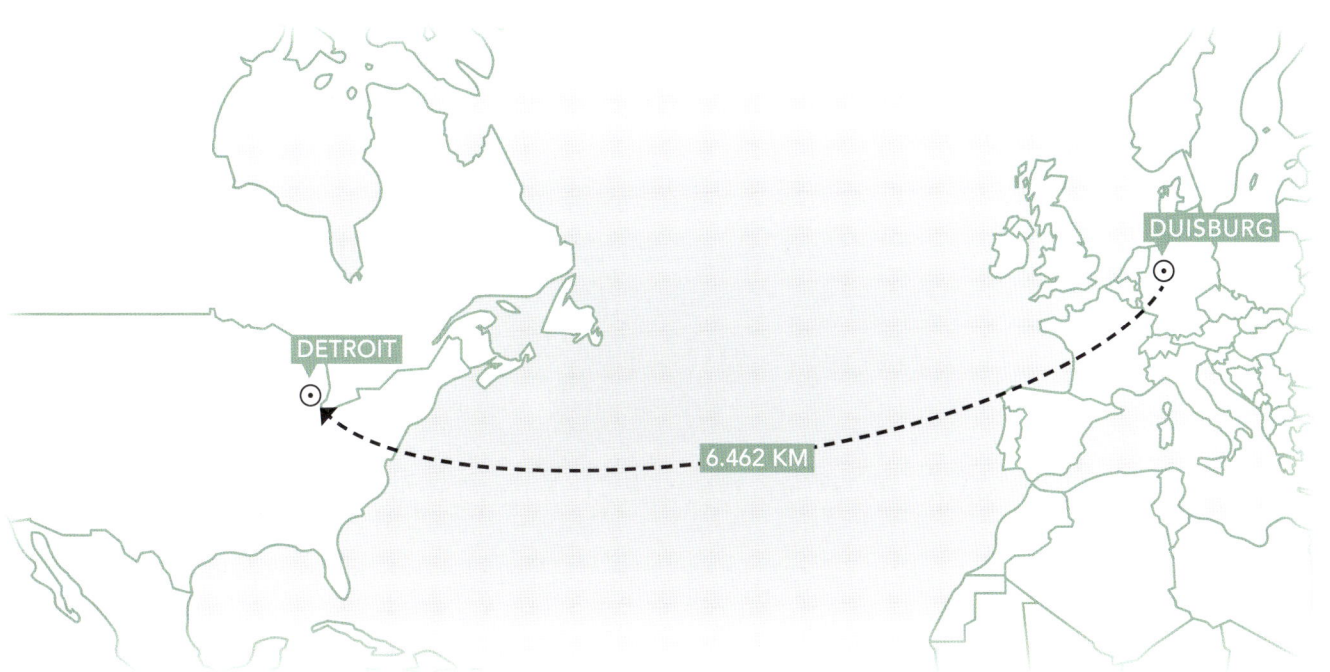

DETROIT

DUISBURG

6.462 KM

Tiger & Turtle – das erscheint wie eine Achterbahn mit Looping, auf die man hinaufsteigen kann. Im Namen steckt, dass die Skulptur von Weitem nach etwas Wildem und Schnellem aussieht, vor Ort aber nur im Schildkrötengang zu erleben ist.

TIGER & TURTLE – MAGIC MOUNTAIN

Anstatt der Fördertürme und Hochöfen der Eisen- und Stahlhütten gilt heute die begehbare Skulptur als neues Wahrzeichen Duisburgs. Besonders abends, wenn die Lichter der Stadt im Hintergrund leuchten, beeindruckt ein Gang über die achterbahngleichen Windungen.
Ehinger Str. 117, 47249 Duisburg
24 Stunden geöffnet, aber witterungs- und coronabedingt Schließungen möglich

DUISPORT

Der Duisburger Hafen ist als weltgrößter Binnenhafen nach wie vor das wirtschaftliche Herz der Stadt und die Logistikdrehscheibe Europas. Das Areal, das sich am besten bei einer zweistündigen Hafenrundfahrt erkunden lässt, erstreckt sich von Ruhrort den Rhein aufwärts bis Rheinhausen. Der Innenhafen hingegen bietet mit den historischen Speichern eine schöne Kulisse für Restaurants und Kneipen sowie eine Marina für Sportboote. Die Gegend ist außerdem ein lukratives Geschäfts- und Wohnviertel.
Hafenrundfahrt: Weiße Flotte, Calaisplatz 3
47051 Duisburg, Tel. 02 03/7 13 96 67
April–Okt. 11–15.30 Uhr
www.wf-duisburg.de

MUSEUM DER DEUTSCHEN BINNENSCHIFFFAHRT

In dem mit Jugendstilelementen versehenen historischen Gebäude einer Badeanstalt geht es nun um Einbäume, Schleppverbände, Rheinromantik und

Schiffsbau, um Schleusen und Kanäle. Die Geschichte der Binnenschifffahrt von der Steinzeit bis in die Gegenwart wird mit vielfältigem Anschauungsmaterial zum Anfassen und Ausprobieren, originalgetreuen Nachbauten, Modellen und Multimediastationen nachvollziehbar aufbereitet. Auf Kinder wartet außerdem ein Spielschiff.
Apostelstr. 84, 47119 Duisburg
Tel. 02 03/8 08 89 40
Di–So 10–17 Uhr
www.binnenschifffahrtsmuseum.de

LEHMBRUCK-MUSEUM

Das Museum ist dem Bildhauer Wilhelm Lehmbruck gewidmet, der als Bergarbeiterkind in Meiderich bei Duisburg zur Welt kam und auf dem Friedhof Wanheimerort seine letzte Ruhe fand. Es versteht sich aber auch als Zentrum internationaler Skulptur. Der Skulpturengarten ist unabhängig vom Museumsbesuch frei zugänglich. Neben Lehmbrucks Skulpturen werden auch seine Gemälde und Zeichnungen ausgestellt. Darüber hinaus sind bedeutende Arbeiten der Klassischen Moderne und zeitgenössischen Kunst zu bewundern, etwa von August Macke, Max Beckmann, Max Ernst, Oskar Kokoschka. Die Skulpturensammlung umfasst Werke von Ernst Barlach und Käthe Kollwitz, aber auch von Alberto Giacometti, Naum Gabo, Pablo Picasso, Joseph Beuys, Richard Serra und Jean Tinguely.
Friedrich-Wilhelm-Str. 40, 47051 Duisburg
Tel. 02 03/2 83 32 94, Di–Fr 12–17, Sa, So 11–17 Uhr
www.lehmbruckmuseum.de

ZECHE ZOLLVEREIN

Auch die stillgelegte Zeche in Essen steht für den tiefgreifenden Wandel, den das Ruhrgebiet durchgemacht hat. Die Natur- und Kulturgeschichte dokumentiert das Ruhr Museum, während das Red Dot Design Museum sich neuen Produkten und Zukunftsvisionen zuwendet. Kohle, Koks und Kunst: Das Gelände bietet viel Platz für Kultur, Sport, Veranstaltungen, Firmen, Hotels, Restaurants und Bars.
Besucherzentrum Gelsenkirchener Str. 181
45309 Essen, Tel. 02 01/24 68 10
tgl. 10–18 Uhr, www.zollverein.de

RESTAURANTS

KÜPPERSMÜHLE
Das feine Restaurant profitiert natürlich auch von der tollen Lage am Innenhafen mit Blick aufs Wasser. Die Küche setzt auf regionale Produkte. Auch das elegante moderne Design in dem alten Gemäuer überzeugt. *Philosophenweg 49 47051 Duisburg, Tel. 02 03/5 18 88 80, Di–So 12–22 Uhr, www.kueppersmuehle-restaurant.de*

LOLU
Die vegetarischen und veganen Gerichte auf der wöchentlich wechselnden Speisekarte sind liebevoll zusammengestellt. Hervorragend sind die Falafel und die selbst gebackenen Kuchen. Dazu kommen die entspannte Atmosphäre und das gute Preis-Leistungs-Verhältnis. *Claubergstr. 12 47051 Duisburg, Tel. 02 03/93 49 97 77 Mo–Do 11–21, Fr, Sa 10–22, So 12–21 Uhr www.facebook.com/lolu.dui*

ÜBERNACHTUNGEN

FERROTEL
Günstig in der Nähe zum Hauptbahnhof und zur Innenstadt gelegen. Die komfortablen Zimmer sind hell und ruhig, besonders zum Garten hin. Industrial Design sorgt beim reichhaltigen Frühstück für die richtige Ruhrpottatmosphäre. *Düsseldorfer Str. 122 47051 Duisburg, Tel. 02 03/2 808 96 20 www.sorat-hotels.com, €*

HOTEL MIRAGE
Die Zimmer des familiengeführten Hotels sind schlicht, aber komfortabel eingerichtet, das Frühstück ist reichhaltig. Zum Anleger für die Hafenrundfahrten wie auch zur zentralen Einkaufsmeile, der Königstraße, sind es nur fünf Minuten zu Fuß. *Ulrichstr. 28, 47051 Duisburg, Tel. 02 03/28 68 50 www.mirage-duisburg.de, €*

12

INDIAN SUMMER
IM HAINICH

51° 6' 36" NORD / 10° 38' 50" OST

Ob Indian Summer in Vermont oder Herbst im Hainich – das Farbenschauspiel ist ein wahrer Rausch. Besonders schön lässt sich die herbstliche Pracht bei Thiemsburg im Südosten des Waldes vom Baumkronenpfad aus erleben.

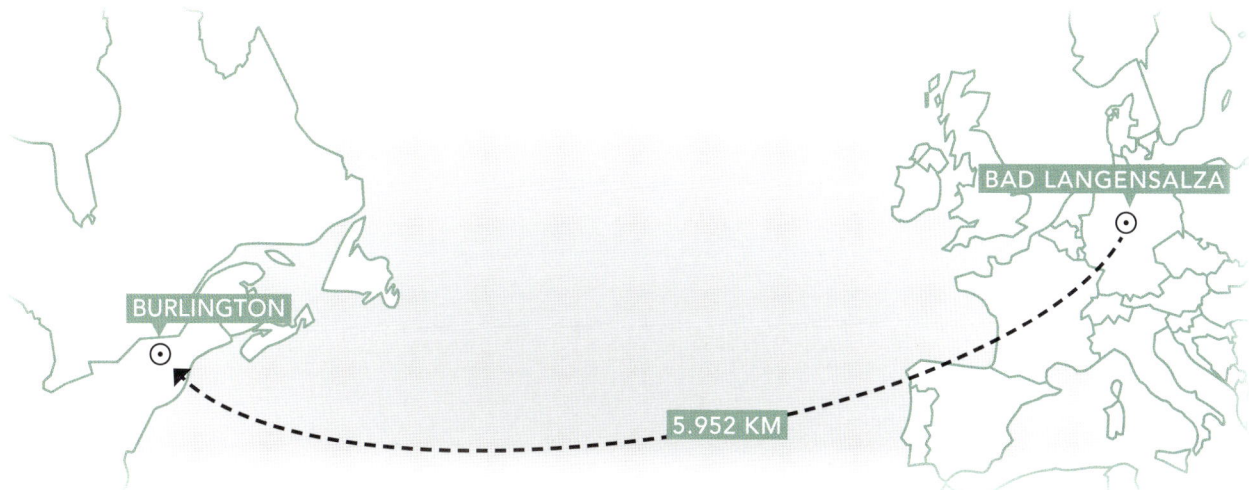

WENN SICH WÜRZIGER HERBSTDUFT in die warmen Sommerwinde mischt und die Bäume ein letztes Mal aufleuchten, bevor sie ihre Blätter abwerfen, dann heißt es: nichts wie raus, in diese Farbenpracht eintauchen und Laubraschelspaziergänge machen. Am besten im Hainich.

Der Hainich ist ein Höhenzug im Westen Thüringens, auf dem sich Deutschlands größte zusammenhängende Laubwaldfläche erstreckt. Ein zentraler Teil ist als Nationalpark Hainich ausgewiesen, in dem sich auch eines der ursprünglichsten Waldgebiete des Landes findet. In der Kernzone ist der Wald schon seit Jahrzehnten sich selbst überlassen. Umgestürzte Baumstämme bleiben in diesem Urwald einfach liegen und bieten Käfern und Amphibien ein Quartier. Eine Vielzahl von Tierarten lebt in dieser spektakulären Wildnis. Allein sieben Spechtarten finden sich im Hainich und mehr als 2100 Käferarten, von denen über 370 auf der Roten Liste stehen. Es lohnt sich also, den Blick auf das Kleine zu richten und genauer hinzusehen, was auf den Stämmen so krabbelt. Oftmals auf Buchen, für die der Hainich bekannt ist, aber auch Ahorn, Esche und sogar die seltene Elsbeere sind als Baumarten dort zu finden.

In einem wilden Urwald wie diesem ist der Herbst außergewöhnlich schön. Dort färben sich die Blätter nicht nur leuchtend rot oder gelb, sondern nehmen auch dieses schon fast neonhafte Frühlingsgrün an. Indian Summer eben – als wäre man an der US-Ostküste in Vermont, wo über den Verlauf der Laubfärbung sogar in Echtzeit berichtet wird. Doch man muss für das Naturschauspiel nicht ins Flugzeug steigen, es ist auch in der Mitte Deutschlands zu beobachten. Und vor allem zu erschnuppern. Denn neben der Farbenpracht setzt der Wald im Herbst ungewohnt schöne Düfte frei. Also nichts wie raus und dem leisen Fallen der bunten Herbstblätter zusehen.

Indian Summer in Vermont, USA
44° 28' 29'' Nord / 73° 12' 57'' West

BAUMKRONENPFAD

Wie riecht es eigentlich in den Baumkronen? Wie hört sich dort der Vogelgesang an? Fragen wie diese beantwortet ein Spaziergang im Baumkronenpfad. Auf einer Länge von 540 m schlängelt er sich entlang der mächtigen Kronen alter Buchen. Eine beeindruckende Möglichkeit, weit oben in den Bäumen zu flanieren.
Thiemsburg 1, 99947 Schönstedt, Tel. 0 36 03/82 58 43
April–Okt. tgl. 10–19, sonst bis 16 Uhr, Jan., Feb.
witterungsabhängig nur an den Wochenenden

WARTBURG

Sie steht wie kaum eine andere Burg für wichtige Kapitel deutscher Geschichte: Ob Martin Luthers Exil, Wolfram von Eschenbachs Dichtungen, Wagners Oper »Tannhäuser« oder Zuflucht für die heilige Elisabeth – die Historie und die damit verbundenen Geschichten auf der Wartburg sind vielfältig. Viel zu viele, um das UNESCO-Weltkulturerbe bei nur einem einzigen Besuch zu erfassen.
Auf der Wartburg 1, 99817 Eisenach, Tel. 0 36 91/25 00
tgl. 9.30–17 Uhr, www.wartburg.de

RESTAURANTS

LA VALLÉE VERTE

Dass das Restaurant des Hotels Hohenhaus zu den besten der Region gehört, wurde von den Inspektoren des Guide Michelin mit einem Stern gewürdigt. Die erlesene Speisekarte gliedert sich in ein bretonisches und ein regionales Menü. Die Zutaten stammen überwiegend aus eigener Produktion. Eingebettet in die Landschaft aus Wald und Wiesen bietet »Das Grüne Tal« den perfekten Ausklang eines stimmungsvollen Wochenendes.
Hohenhaus 1, 37293 Herleshausen
Tel. 0 56 54/98 70
Mi–Sa ab 19 Uhr, nur mit Reservierung
www.hohenhaus.de/la-vallee-verte

GRAUES SCHLOSS

An lauen Sommerabenden im Biergarten sitzen und den Fledermäusen beim Jagen zuschauen – das können Besucher in diesem Restaurant. Auf der Speisekarte stehen deftige Gerichte typischer deutscher Küche wie etwa Wildschweinspezialitäten ebenso wie selbst gebackene Kuchen. Die Umgebung eignet sich gut zum Wandern.
Thomas-Müntzer-Str. 4, 99826 Mihla
Tel. 03 69 24/4 22 72
Di–Do und So 11–22, Fr, Sa 11–24 Uhr
www.graues-schloss.de

ÜBERNACHTUNGEN

HOTEL HOHENHAUS

Verwunschen, romantisch und edel – drei Attribute, die auf eines der schönsten Hideaways Deutschlands passen. Das Schlosshotel Hohenhaus entstand im 16. Jahrhundert als Rittergut, und diese beschützte Atmosphäre ist in dem als Gutshof angelegten Anwesen zu spüren. Es ist liebevoll ausgestattet mit echten Raritäten und Originalen; feine Stoffe und Marmorbäder sorgen für gehobenes Niveau. Jedes Zimmer bietet viel Platz und wundervolle Blicke auf die hügelige Landschaft. Das hat schon Schriftsteller Siegfried Lenz geschätzt, der hier auch einige Werke verfasst hat, etwa »Schweigeminute« oder »Die Nacht im Hotel«. Mit einem eigenen Siegfried-Lenz-Zimmer erinnert das Haus an diese literarische Vergangenheit. Kultur hat hier einen festen Platz, Konzerte und Lesungen sind selbstverständlich.

Doch am meisten schätzen Besucher die idyllische Lage am Rande des Hainich. Wenn die Hähne morgens krähen und das Frühstücksei direkt von den Hühnern des Hofes kommt (ebenso wie die Marmeladen von Früchten aus der Gegend), dann beweist das Hotel immer wieder, wieviel Freude es machen kann, Nachhaltigkeit zu leben.
Hohenhaus 1, 37293 Herleshausen, OT Holzhausen
Tel. 0 56 54/98 70, www.hohenhaus.de, €€€

Wenn man es im Herbst nicht in den Hainich schafft: Der Frühling ist nicht minder berauschend, etwa im Hideaway Hotel Hohenhaus.

BAD LANGENSALZA

Von einer gut erhaltenen Stadtmauer umschlossen, bildet die Altstadt der Kurstadt ein urbanes Kleinod am Hainich. Runde Wehrtürme begrüßen die Besucher und führen in eine mittelalterlich geprägte Innenstadt aus hübsch restaurierten bunten Fachwerkhäusern, Plätzen mit plätschernden Brunnen und hübschen Cafés sowie einem weiten Kurpark.
Tourist Info: Bei der Marktkirche 11
99947 Bad Langensalza, Tel. 0 36 03/83 44 24
Mo–Fr 9–18, Sa, So 10–16 Uhr
www.badlangensalza.de

DRAISINENFAHRT AUF DER KANONENBAHN BEI LENGENFELD

Es ist eine Mischung aus Fahrrad und Eisenbahnwaggon: Mit einer Draisine auf ausgedienten Schienen zu fahren kann riesigen Spaß machen. Verschiedene Touren führen über Viadukte und durch Tunnel durch die Landschaft. Kurze Strecken dauern ab einer Stunde, man kann aber auch Draisinen für einen ganzen Tag buchen.
Bahnhofstr. 43, 99976 Lengenfeld unterm Stein
Tel. 03 60 27/7 88 66, Informationen im Güterschuppen
Mo–Fr 10–18, Sa–So 11–19 Uhr
www.erlebnis-draisine.de

DIE WILDNIS MIT EINEM RANGER ERLEBEN

Der Hainich gehört zu den letzten Wildnissen Deutschlands. Während andere Wälder normalerweise eher Forsten sind und bewirtschaftet werden, gibt es hier viele Stellen, an denen der Wald sich selbst überlassen ist. Bei einer Führung mit einem Ranger lässt sich einiges über den wilden deutschen Wald erfahren. Wer Glück hat, findet vielleicht auch Spuren von Wildkatzen.
Nationalpark-Verwaltung
Bei der Marktkirche 9, 99947 Bad Langensalza
Tel. 03 61/5 73 91 40 00
www.nationalpark-hainich.de

WILDKATZENDORF HÜTSCHENRODA

Sie ist das Wappentier des Hainichs: Die Wildkatze ist im Hainich heimisch und breitet sich von dort auch in andere Wälder aus. Die zeitweilig bereits ausgestorben geglaubte Wildkatze ist sehr scheu, sodass man sie im Wald normalerweise kaum zu Gesicht bekommt, deswegen gibt es ein großes Schaugehege, in dem Besucher die Tiere beobachten können.
Schlossstr. 4, 99820 Hörselberg-Hainich, OT Hütscheroda
Tel. 03 62 54/86 51 80
www.wildkatzendorf.com

WEINLAND SAALE-UNSTRUT

— 51° 12' 46" NORD / 11° 46' 11" OST —

HEISSE SOMMERTAGE legen sich über eine dramatische Landschaft. Auf steilen Terrassen gedeihen Rebstöcke. Innovative Winzer laden in die mächtigen Kellergewölbe ihrer Anwesen, wo überraschend spritzige Weine lagern. Und der Freizeitwert ist ganz allgemein: hoch. Die Beschreibung passt perfekt auf die südafrikanischen Winelands, die sich unweit von Kapstadt ausbreiten. Stellenbosch, Franschhoek, Paarl – das sind die Hochburgen, die jeder Weinliebhaber wenigstens einmal besuchen möchte, um das dortige Terroir ausgiebig zu erkunden. Nicht ohne Verkostungen, versteht sich.

Doch eine Reise ans andere Ende der Welt ist für eine Sinneserfahrung dieser Art nicht zwingend erforderlich: Im Südwesten Sachsen-Anhalts lockt mit Saale-Unstrut ein noch weitgehend unentdecktes Weinbaugebiet, das mit ähnlichen Eigenschaften aufwarten kann. Mit kaum 800 ha Anbaufläche ist die Region allerdings eher klein; einige Weinberge befinden sich zudem auf dem Territorium Thüringens (120 ha) und Brandenburgs (10 ha). Die nördlichste Qualitätsweinregion Deutschlands verdankt ihre Existenz den beiden gleichnamigen Flüssen, die nach einer Reise durch zerklüftete Täler bei Naumburg zusammenfließen. Wichtigste Rebsorten sind Müller-Thurgau und Silvaner.

Europäische Siedler begannen mit dem Weinbau am Kap bereits im 17. Jahrhundert. Die Winzer an Saale und Unstrut hingegen blicken bereits auf 1000 Jahre Tradition des Rebenanbaus zurück. Und im Unterschied zu den von niederländischer Architektur inspirierten Weingütern in den Winelands treffen Besucher an Saale und Unstrut auf jahrhundertealte Trockenmauern, romantische Weinberghäuschen und mittelalterliche Burgen, wenn sie sich die Zeit zwischen den Weinproben mit Wanderungen vertreiben. Bei einem prominenten Fotomotiv gibt es dann wieder Ähnlichkeiten: Der Name Franschhoek ist vor Ort mit riesigen Lettern an den Flanken eines Berges verewigt. Ein ähnlicher Blickfang buhlt auch bei Naumburg um Aufmerksamkeit.

Weinberge bei Stellenbosch, Western Cape, Südafrika
33° 56' 11" Süd / 18° 51' 35" West

Die vorbildlich gepflegten Steil- und Terrassenlagen von Saale und Unstrut bringen feine Weine hervor, die zu entdecken sich lohnen.

FREYBURG

9.494 KM

STELLENBOSCH

RESTAURANTS

RUDELSBURG RESTAURANT

In einer gut 1000 Jahre alten Burg zu dinieren bleibt ein besonderes Erlebnis – auch wenn sich das Angebot der Küche mit Flammkuchen und Schnitzel eher an Ausflugsgäste richtet.
Am Burgberg 33, 06628 Bad Kösen
Tel. 03 44 63/27 325, Di–Sa 11–22, So 11–18 Uhr
www.rudelsburg.info

THÜRINGER WEINSTUBE

Mit kreativer Küche und regionalen Zutaten hat sich die Weinstube einen hervorragenden Ruf erarbeitet. Das Familienweingut betreibt sein Lokal direkt an der Saale. Absolutes Highlight ist das Picknick im Weinberg mit einem frischen Silvaner vom Gut.
Weinbergstr. 16, 99518 Großheringen
Tel. 03 44 66/2 03 56, Feb.–Dez. Mi–So 11–22 Uhr
restaurant.erlebnisweingut.de

ÜBERNACHTUNGEN

HOTEL UNSTRUTTAL

Zu den Vorzügen des Traditionshauses aus dem 17. Jahrhundert gehört neben der Lage mitten im Städtchen auch der Blick auf die nahen Weinberge. Das hauseigene Restaurant hat auch Wild und vegetarische Gerichte im Angebot.
Markt 11, 06632 Freyburg/Unstrut
Tel. 03 44 64/70 70, www.unstruttal.info, €

GASTHOF ZUFRIEDENHEIT NAUMBURG

Das kleine Boutiquehotel mit 15 Zimmern und zwei Suiten ist schon seit 1853 die erste Adresse am Platz. Heute erfreut es mit stilvoll-modernem Interieur. Die hauseigene Wohnhalle dient als Begegnungsort für Reisende und Einheimische.
Steinweg 26, 06618 Naumburg/Saale
Tel. 0 34 45/28 89 951
www.gasthof-zufriedenheit.de, €€

WEINSTRASSE SAALE-UNSTRUT

Über eine Strecke von rund 60 km führt die Weinstraße Saale-Unstrut von Memleben über Bad Kösen bis nach Bad Sulza. Unterwegs konkurrieren die zahlreichen Sehenswürdigkeiten mit lukullischen Freuden, was für eine Weinstraße – 1993 gegründet – nicht weiter überraschend ist. Sehr wohl ungewöhnlich ist hingegen die Bandbreite der möglichen Aktivitäten. Wer mag, kann die Distanz nicht nur mit dem Auto zurücklegen. Vielmehr bieten sich als Alternativen ein Wander- und ein Radweg an. Das wohl ungewöhnlichste Verkehrsmittel für eine Weintour aber ist das Kanu, mit dem man auf den sanftmütigen Flüssen ruhig dahingleitet.
www.saale-unstrut-tourismus.de

FREYBURG

Eingebettet in Weinberge, darf sich Freyburg als eines der Zentren der Weinregion auch mit dem Prädikat eines staatlich anerkannten Erholungsortes schmücken. Umgeben von einer ehrwürdigen Stadtmauer, atmet der Ort historisches Flair, wobei sich der Genuss gerade als neues Steckenpferd etabliert.
Tourist Info: Markt 2, 06632 Freyburg/Unstrut
Tel. 03 44 64/2 72 60
Mo–Fr 9–12 und 13–17, Sa 8–14 Uhr
www.freyburg-tourismus.de

ROTKÄPPCHEN SEKTKELLEREI

Die Marke mit dem hohen Bekanntheitsgrad war auch als Staatsbetrieb der DDR eine Erfolgsgeschichte. Die imposanten Kelleranlagen reichen bis fünf Stockwerke unter die Erde.
Rotkäppchen-Mumm Sektkellereien
Sektkellereistr. 5, 06632 Freyburg/Unstrut
Tel. 03 44 64/3 40
Führungen Mo–Sa 10–16, So 11–16 Uhr
www.rotkaeppchen.de

NAUMBURGER DOM

Eines der bedeutendsten europäischen Bauwerke des Hochmittelalters, Topattraktion der Straße der Romanik – und seit 2018 UNESCO-Weltkulturerbe. Das sind nur einige Attribute, mit denen sich der Naumburger Dom schmücken darf. Einst als katholisches Gotteshaus errichtet, wird er seit der Reformation von Protestanten genutzt. Wichtigstes Baumerkmal ist der aus dem 13. Jahrhundert stammende Westchor, der mit einem aufwendig gestalteten Lettner sowie zwölf Stifterfiguren ausgestattet ist – unter ihnen das bezaubernde Bildnis der Uta von Naumburg.

Besucherservice Naumburger Dom
Domplatz 19, 06618 Naumburg
Tel. 0 34 45/2 30 11 33
Mo–Sa 8–18, So 11–18, Nov.–März 10–16, So 12–16 Uhr
www.naumburger-dom.de

DORNBURGER SCHLÖSSER

Drei Schlösser mit drei völlig unterschiedlichen Charakteren, so thront dieses einzigartige Ensemble auf einem Felsen hoch über dem Saaletal. Gemeinsam firmieren Altes Schloss, Rokokoschloss und Renaissanceschloss als »Balkon Thüringens«, den schon die Herzöge von Sachsen-Weimar-Eisenach als Sommerresidenz schätzten. Von den Resten einer mittelalterlichen Burg bis zu einem eleganten Lustschloss sind hier, nördlich von Jena, mehr als 800 Jahre Geschichte vereint.

Schlossverwaltung Dornburger Schlösser und Gärten
Max-Krehan-Str. 2, 07774 Dornburg-Camburg
Tel. 03 64 27/21 51 30, tgl. außer Mi 10–17 Uhr
www.thueringerschloesser.de

GEISELTALSEE

Der Braunkohletagebau mag als Raubbau an der Natur gelten, doch immerhin ist in Sachsen-Anhalt als direkte Folge der Geiseltalsee entstanden. Mit einer Oberfläche von 19 Quadtrakilometern gehört er zu den zehn größten Gewässern Deutschlands – ideal für ein Bad oder um sich den Wind um die Ohren wehen zu lassen. Ermutigt von den Erfolgen der Kollegen an Saale und Unstrut, widmet sich ein Winzer an den Ufern des Sees seit dem Jahr 2000 dem Weinbau.

Weinbau am Geiseltalsee
Ehrauberge 25, 06632 Freyburg
Straußenwirtschaft Mo–Fr 10–16, Sa, So 10–18
(im Winter Sa, So 10–18 Uhr)
www.weinbau-am-geiseltalsee.de, www.geiseltalsee.de

Die historische Uta von Naumburg war wohl die Markgräfin Uta von Ballenstedt, die um das Jahr 1000 lebte und zu den Stiftern des Naumburger Doms gehörte. Die Skulpturengruppe der zwölf Stifterfiguren, über 200 Jahre später entstanden, zählt zu den bedeutendsten Werken der gotischen Bildhauerei in Deutschland. Nach der Figur der Uta soll übrigens Walt Disney das Aussehen der »bösen Königin« in seinem Trickfilm »Schneewittchen und die sieben Zwerge« von 1937 gestaltet haben.

14

HAUPTBAHNHOF
LEIPZIG

51° 20' 41" NORD / 12° 22' 53" OST

DASS BAHNREISEN VERBINDET, liegt auf der Hand. Neu hingegen ist, dass dies nicht nur von Zügen, sondern auch von so manchem Bahnhof gewährleistet wird. Und zwar, indem er durch seine beeindruckende Architektur erst einmal zum Bleiben verführt. Dieses Kunststück gelingt dem Leipziger Hauptbahnhof. Von Amerika ist er durch einen ganzen Ozean getrennt. Aber zugleich stellt er sich ästhetisch in nächste Nähe zum New Yorker

Links: Leipzigs Hauptbahnhof ist der flächenmäßig größte Kopfbahnhof Europas. West- und Osthalle sind durch eine fast 300 m lange Querhalle verbunden, die nicht nur Zugang zu den Gleisen gewährt, sondern auch Einkaufs- und Gastronomiemeile ist.

Grand Central Terminal, New York City, USA
40° 45′ 10″ Nord / 73° 58′ 38″ West

Grand Central Terminal. Ein Grund für die Verwandtschaft dieser beiden Institutionen des Zugreisens – beides Kopfbahnhöfe – ist sicherlich das fast gleiche Alter: Ab 1913 rollten die Züge im noch heute zentralen Verkehrsknotenpunkt des Big Apple. Zwei Jahre später wurde auch in Leipzig die offizielle Eröffnungsfeier begangen. Wo man sich in den Vereinigten Staaten gekonnt an Anleihen der Beaux-Arts versuchte, ist das deutsche Pendant von Jugendstilelementen geprägt, um modernes Bauen mit historistischer Eleganz zu beleben. Und natürlich sind beide Gebäude von einer imposanten Wuchtigkeit geprägt. Denn in New York unterhält man immerhin auf zwei Etagen die weltweit größte Gleiszahl (67!), was sich in der riesigen und majestätisch hohen Eingangshalle mit der berühmten blaugrünen Deckenbemalung gebührend ankündigt. In Leipzig beeindruckt hingegen die schiere Weitläufigkeit der quer zu den Gleisen verlaufenden Vorhalle. Grund hierfür ist die Baugeschichte. Errichtet an einem Ort, an dem zuvor drei Bahnhöfe nebeneinander standen (der Dresdner, Thüringer und der Magdeburger), stellt der heutige Hauptbahnhof eigentlich immer noch zwei Bahnhöfe dar. Nämlich den der Preußischen Bahn und den der Königlich Sächsischen Staatseisenbahn, die beide ihren Anspruch auf eine bedeutungsstiftende Repräsentationsarchitektur für ihre Unternehmen geltend machten. Das bedeutet im Ergebnis einen symmetrischen Bau, in dem Pracht mit zwei multipliziert wird. Wer will da noch mit dem Zug wegfahren?

Die Leipziger Baumwollspinnerei ist ein besonders gelungenes Beispiel dafür, wie alte Industrieanlagen zu Orten der Kultur und der Begegnung werden können.

VÖLKERSCHLACHTDENKMAL

1813 trafen bei Leipzig Napoleons Truppen auf die Heere Österreichs, Preußens, Russlands und Schwedens. Das schiere Ausmaß der Begegnung (ca. 600.000 Soldaten) trug ihr die Bezeichnung Völkerschlacht ein. 100 Jahre später wurde an eben jener Stelle ein Denkmal enthüllt – mit ebenfalls gigantischen Ausmaßen: Als Teil einer Parkanlage mit einem über 150 m langen Wasserbecken ragt das als Grabkammer gestaltete Denkmal 91 m in die Höhe. Geschmückt mit Kolossalfiguren bietet das nicht nur einen umwerfenden Anblick, sondern – von der Aussichtsplattform aus – auch einen fantastischen Ausblick.
Straße des 18. Oktober 100, 04299 Leipzig
tgl. 10–18, Nov.–März bis 16 Uhr
www.stiftung-voelkerschlachtdenkmal-leipzig.de

GRASSIMUSEUM

Neben seiner exzellenten völkerkundlichen Sammlung beherbergt das heutige Grassimuseum am Johannisplatz auch das Museum für Angewandte Kunst sowie ein Museum für Musikinstrumente. Das verspricht vielseitige Ausstellungsrunden durch den großen Gebäudekomplex.

Dabei gehört der Bau selbst als Schmuckstück eigentlich in ein Museum. In den 1920er-Jahren errichtet, hat man es hier mit einem wegweisenden Beispiel des Art déco zu tun, der durch seine eigenwillige Struktur mit vier Höfen und feinsinnige modernistische Akzente wie die Pfeilerhalle besticht.
Johannisplatz 5-11, 04103 Leipzig
Di–So 10–18 Uhr, www.grassimuseum.de

PANOMETER LEIPZIG

Wenn man schon New York in Leipzig entdeckt hat, warum dann nicht auch einen kleinen Abstecher auf den Mount Everest machen? Oder ins antike Rom? Oder das Leipzig zu Beginn des 20. Jahrhunderts? All das gab es schon zu bewundern in Leipzigs Stadtteil Connewitz. Dort steht das Gebäude eines ehemaligen Gasometers, das heute unter der Bezeichnung Panometer firmiert. In diesem Rundbau werden die bis zu 32 m hohen Panoramabilder des Künstlers Yadegar Asisi gezeigt, und die visuelle Faszination geht stets einher mit spannenden historischen oder naturkundlichen Einsichten.
Richard-Lehmann-Str. 114, 04275 Leipzig
tgl. 10–17 Uhr, www.panometer.de

LEIPZIGER BAUMWOLLSPINNEREI

Um Textilien im eigentlichen Sinne geht es hier seit 1989 nicht mehr. Gesponnen wird heute stattdessen Kunstgeschichte, und zwar auf höchstem Niveau. Dafür sorgen nicht nur ein Dutzend namhafter Galerien samt der von ihnen vertretenen Künstler, hier befinden sich auch die Ateliers einer ganzen Schar bekannter Gegenwartskünstler, darunter Neo Rauch und Rosa Loy. Mit der Halle 14 wird zudem ein ausgewiesenes Kunstzentrum mit Bibliothek und großer Ausstellungsfläche betrieben, das wie ein Kulminationspunkt den schöpferischen Geist dieses Ortes einfängt.

Spinnereistr. 7, 04179 Leipzig
Di–Sa 11–18 Uhr, Halle 14 zwischen Mai und Okt.
auch So geöffnet
www.spinnerei.de

REICHSGERICHTSGEBÄUDE

Ein bisschen mag man meinen, sich in das Berlin eines leicht verschobenen Paralleluniversums begeben zu haben. Denn das Reichsgerichtsgebäude mit seiner Fassadenfront und zurückgezogenen Kuppel steht in stilistisch engem Dialog mit dem Berliner Reichstag. Kein Wunder, sind beide doch um dieselbe Zeit errichtet worden. Und auch hier in Leipzig spiegelt sich die deutsche Geschichte anschaulich in dem Bau wider, der als Gerichtshof für Kaiserreich, Weimarer Republik und Nationalsozialismus diente, bevor er zunächst saniert in ein Museum verwandelt wurde – und heute als Bundesverwaltungsgericht fortwirkt.

Simsonplatz, 04107 Leipzig
Mo–Fr 8-16 Uhr
www.bverwg.de

RESTAURANTS

ZUM ARABISCHEN COFFE BAUM

Kaffee hat Geschichte, und kaum irgendwo in Europa reicht sie so weit zurück wie hier, wo seit 1711 eine Kaffeequelle sprudelt. Das Gebäude beherbergt auch ein kleines Kaffee-Museum und ein Restaurant. 2018 zu Renovierungszwecken geschlossen, steht die Wiedereröffnung für 2021 an.
Kleine Fleischergasse 4, 04109 Leipzig
Tel. 03 41/9 61 00 60 61
Museum: www.stadtgeschichtliches-museum-leipzig.de, dann im Menü auf »Besuch« und »Unsere Häuser« klicken

KANTINE UND RESTAURANT FELIX

Ob zum Business Lunch in der Kantine oder abends zum Schlemmen im darüber liegenden Restaurant – zum kulinarischen Erlebnis gehört hier auch stets die fantastische Aussicht, die man aus dem 6. oder 7. Stock genießt. *Augustusplatz 1–3*
Kantine: Mo–Do 16–22, Fr bis 23, Sa 12–23, So 12–22, Restaurant: Mi–Sa ab 17 Uhr
www.dein-felix.de/leipzig/restaurant

ÜBERNACHTUNGEN

BOOK HOTEL LEIPZIG

Leipzig ist eine Buchstadt – nicht nur zur Messezeit dreht sich alles um Literatur. Auch in diesem Hotel ist das Buch weg- und stilweisend. Gekonnt als Leitmotiv in Szene gesetzt, unterstreicht es hier ein modernes Ambiente mit besonderem Touch, in dem man sich unmittelbar wohlfühlt.
Auguste-Schmidt-Str. 6, 04103 Leipzig
Tel. 03 41/5 50 09 50
www.book-hotel-leipzig.de, €€

MEISTERZIMMER

Wer ganz dem kreativen Charme der Leipziger Baumwollspinnerei erliegen will, übernachtet am besten gleich dort. Vier äußerst geräumige, lichtdurchflutete und absolut schicke Zimmer stehen zur Verfügung, die man am besten für mindestens zwei Nächte bucht.
Spinnereistr. 7, 04179 Leipzig
Tel. 03 41/22 70 40 63
www.meisterzimmer.de, €€

15

GROSSER WENDEL-STEIN IN TORGAU

51° 33′ 32″ NORD / 13° 0′ 32″ OST

ES SIEHT AUS, ALS SCHWEBE DIESE TREPPE: Sandsteinstufen winden sich um sich selbst himmelwärts und erinnern an ein überdimensionales Schneckenhaus: Eine architektonische Meisterleistung ziert die Fassade des Schlosses Hartenfels im sächsischen Torgau.

Im Jahr 1533 wurde dem Ostflügel ein Treppenhaus hinzugefügt, das nicht nur praktisch, sondern auch repräsentativ sein sollte. Heute könnte man diese Vorgabe fast schon als mutig bezeichnen, denn der Große Wendelstein setzte mit dem Verzicht auf eine tragende Mittelsäule neue Maßstäbe für die Berechnungen der Statik. Inspiriert von den französischen Renaissanceschlössern, errichteten die deutschen Baumeister eine Treppe, die sich selbst trägt. Sie fußt auf einer breiten Freitreppe, die zum ersten Stockwerk führt, und erhebt sich darüber als Türmchen: ein schmales, langes Treppenhaus, das außen von Sandsteinsäulen getragen und oben von einer Kuppel überspannt wird. Es wirkt wie ein Schmuckstück an der weißen Fassade.

Ist es von außen schon sehenswert, sollten Besucher auf keinen Fall verpassen, einen Blick ins Innere des Treppenhauses zu werfen. Die Treppenspindel, die sich in einer perfekten Drehung nach oben windet, ist ein besonders gelungenes Beispiel einer Ästhetik, die ihre Grundlage in der Perfektion der Geometrie findet. Im oberen Turmzimmer, das unter der Kuppel entstanden ist, finden sich sogar noch Deckengemälde, die wohl aus der Werkstatt Lucas Cranachs d. Ä. stammen. Allein dieses architektonische Detail lässt den Vergleich mit französischen Loire-Schlössern wie etwa dem Château Blois zu. Wer dann noch die Elbe zu Füßen des Schlosses Hartenfels fließen sieht, findet den Vergleich mit der Loire gar nicht mehr so weit hergeholt.
www.schloss-hartenfels.de

TORGAU

BLOIS

949 KM

*Rechts: Château de Blois, Loire-Tal,
Frankreich
47° 35′ 8″ Nord / 1° 19′ 50″ Ost*

*Unten: Schloss Hartenfels ist das größte
der vollständig erhaltenen Schlösser aus
der Frührenaissance in Deutschland.
Es diente 1970 als Kulisse im DEFA-
Märchenfilm »Schneewittchen« und wird
laufend abschnittsweise saniert.*

Das Rathaus von Riesa war in früheren Zeiten erst ein Kloster und nach dessen Auflösung im 16. Jahrhundert ein Rittergut. 1874 wurde das Gebäude von der Stadt erworben. Die Glyzinie an der Fassade steht unter Naturschutz.

SPIELWARENLADEN CARL LOEBNER

Er gilt als ältester Spielwarenladen der Welt: Seit zwölf Generationen vererbt der Vater dem Sohn dieses Geschäft, das schon unzählige Kinder mit Blechtrommeln, Modellautos oder Puppen glücklich gemacht hat. Gegründet wurde es von einem Drechslermeister, und viele der alten Holzspielzeuge befinden sich heute im städtischen Museum.

Bäckerstr. 2, 04860 Torgau
Tel. 0 34 21/90 25 87
Mo–Fr 10–18, Sa 9–12 Uhr
www.carl-loebner.de

DAHLENER HEIDE

Lichte Birkenwälder, weite, steppenartige Flächen – das ist die Dahlener Heide. Ihren Namen hat sie von einem kleinen Fluss, der südlich von Torgau entspringt. Die Landschaft ist durchzogen von kleinen Teichen, manche davon laden auch zum Schwimmen ein.

Tourist Info: Markt 1, 04860 Torgau
Tel. 0 34 21/7 01 40
Mo–Fr 10–18, Sa, So 10–16 Uhr
www.tic-torgau.de

KATHARINA-LUTHER-STUBE

Frauen sind in der Geschichtsschreibung oft unterrepräsentiert, auch der Frau von Martin Luther wird eher wenig Raum eingeräumt. In Torgau allerdings erinnert dieses Museum im Sterbehaus der Katharina von Bora, wie ihr Mädchenname lautete, mit Dokumenten und Texten an die einstige Nonne.

Katharinenstr. 11, 04860 Torgau
Tel. 0 34 21/7 03 36
Di–So 10–17 Uhr
www.museum-torgau.de

DIE ELBBIBER

Wer rund um Torgau in den Elbauen spazieren geht, wird immer wieder über angenagte Baumstämme oder gar riesige Burgen aus Stöcken stolpern. Es sind unverkennbare Anzeichen für die Anwesenheit der pelzigen Nager: Mehr als 120 Elbbiber haben sich rund um Torgau niedergelassen. Mit etwas Glück lassen sie sich sogar beobachten.

Biberhof Torgau
Dahlener Str. 19, 04860 Torgau
Tel. 0 34 21/90 27 03
Di–Fr 8–16 Uhr
www.naturschutzstation-biberhof.nabu-sachsen.de

RIESA

Das Städtchen am linken Ufer der Elbe lohnt einen Abstecher. Der Marktplatz mit dem von einer Glyzinie berankten Rathaus ist ebenso sehenswert wie die Klosterkirche, deren Ursprünge ins 13. Jahrhundert zurückreichen. Als weiteres Kloster erinnert die ehemalige Benediktinerabtei an glanzvolle Zeiten in Mittelalter; heute werden die Gebäude unter anderem als Teil des Tierparks genutzt. Nicht verpassen sollten Besucher einen Spaziergang am Elbufer.

Tourist Info: Hauptstr. 61, 01589 Riesa
Tel. 0 35 25/52 94 20
Mo–Fr 9.30–17.30, Sa, So 9.30–16,
im Winter bis 14 Uhr
www.riesa.de

BAD SCHMIEDEBERG

Als Heilbad ist die Kleinstadt sehr beliebt für ihre Moor- und Mineralanwendungen. Sie punktet nicht nur mit einem hohen Wellnessfaktor, sondern auch mit einem hübschen Stadtkern, in dem sich allerlei erkunden lässt. Dazu gehören der Kurpark ebenso wie Schlösser und Türme, aber auch herrlich ausgebaute Wanderwege durch erholsam weite Landschaften. Immer wieder führen die Wege zur Elbe.

Tourist Info: Kurpromenade, 06905 Bad Schmiedeberg
Tel. 03 49 25/6 20 10
tgl. 8.30–19 Uhr
www.bad-schmiedeberg.de

RESTAURANTS

ALTER ELBEHOF

Hausmannskost auf hohem Niveau – diese Kunst beherrscht der Alte Elbehof. Ob Schnitzel, Nudeln oder Gemüse, hier legt man Wert auf saisonale Zutaten und Portionen, die garantiert satt machen. Besonders schön bei gutem Wetter im Biergarten.
Werdau 12, 04860 Torgau
Tel. 0 34 21/90 45 25, Di–So 11–22 Uhr
www.elbehof.eu

HERR KÄTHE

Das Restaurant ist so originell wie sein Name, man sitzt im stimmungsvollen Altbausaal auf hübschen Holzstühlen oder im schönen Garten. Rustikale deutsche Küche, besonders gut zur Spargelzeit.
Katharinenstr. 4, 04860 Torgau
Tel. 0 34 21/7 01 80 88, tgl. ab 11.30 Uhr
www.herrkaethe-torgau.de

ÜBERNACHTUNGEN

GOLDENER ANKER

Sehr zentral am Marktplatz befindet sich dieses traditionsreiche Haus, das rechtzeitig verstanden hat, in den Zimmern und Bädern moderne Standards einzuführen. Das Schloss ist bequem mit einem Spaziergang zu erreichen. *Markt 6, 04860 Torgau*
Tel. 0 34 21/7 32 13, www.goldener-anker-torgau.de, €

HERRENHAUS KUNZWERDA

Das alte Herrenhaus wurde in ein wahres Schmuckstück verwandelt; eine geschmackvolle Mischung aus Antiquitäten und modernen Materialien hat dem alten Gemäuer neues Leben eingehaucht. Vermietet werden Appartements für bis zu vier Personen. Eine schöne Alternative zu Hotels.
Innenring 7, OT Kunzwerda, 04861 Torgau
Tel. 0 34 21/71 22 74
www.herrenhauskunzwerda.de, €€

16

WASSERLANDSCHAFT SPREEWALD

51° 51' 40" NORD / 13° 57' 31" OST

RUND 100 KM VON BERLIN ENTFERNT befindet sich eine Wildnis, in der Flüsse und Bäche unvermittelt den Weg abschneiden. Sogar der Briefträger muss per Kahn anreisen: Der Spreewald ist eine Landschaft, in der man schnell vergisst, dass man eigentlich in Deutschland ist. Ein wahres Labyrinth von kleinen Flüssen und Bächen durchzieht die brandenburgische Region und macht sie zu einer der letzten Wasserwildnisse Deutschlands. Wer in den Spreewald reist, wird sich ein wenig umstellen müssen, denn dort verliert das Auto an Bedeutung. Es heißt also: umsteigen aufs Wasser und mit dem Boot auf in die einzigartige Auenlandschaft.

Wozu also in die Everglades reisen, wenn grüner Dschungel doch so nah ist? Während in Florida die hohe Luftfeuchtigkeit gepaart mit drückender Hitze manchmal ganz schön unangenehm werden kann, punktet der Spreewald eher mit angenehmem Klima. Es ist nie zu warm, im Winter gerne auch nebelig kühl, und immer mit hoher Regenwahrscheinlichkeit.

Nicht nur die wunderbar grüne Natur, auch die Kultur macht diesen Landstrich zu etwas Einzigartigem. Im Spreewald sind Traditionen erhalten geblieben, die es sonst nirgendwo in Deutschland gibt. Berühmt sind die Trachten mit den ausladenden Hauben der Sorben. Das slawische Volk gehört zu den ursprünglichen Bewohnern dieser unwegsamen Gegend. Sie ließen sich vor mehr als 1000 Jahren hier nieder, legten Entwässerungsgräben an und bauten Bauernhäuser mit den tief heruntergezogenen Dächern, die für den Landstrich typisch sind. Noch heute findet man alle Ortsnamen im Spreewald zweisprachig ausgeschildert, und mehr und mehr besinnen sich die Bewohner wieder auf ihre sorbische Tradition.

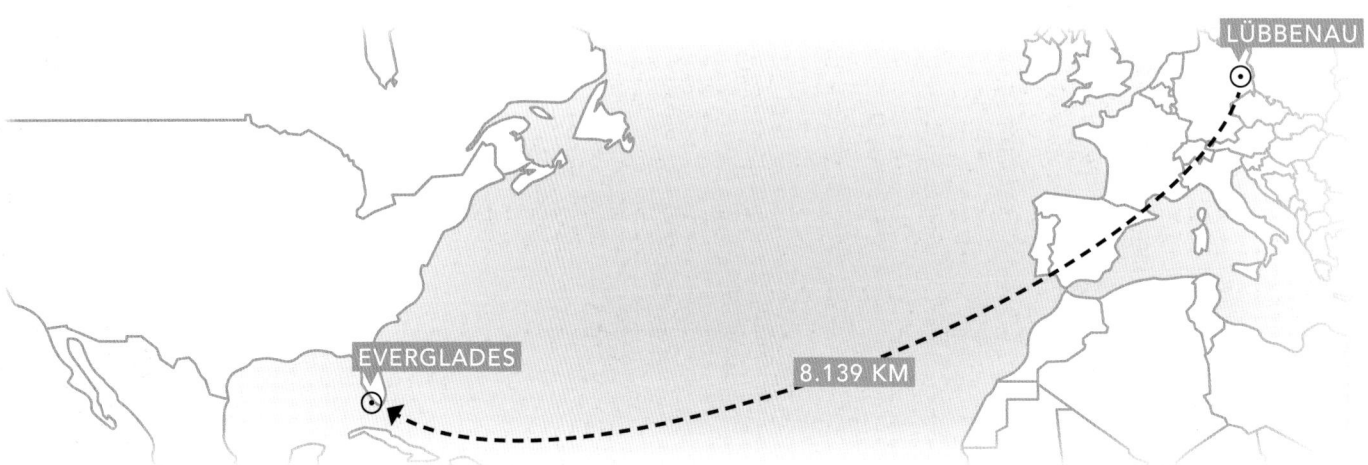

LÜBBENAU

EVERGLADES

8.139 KM

Everglades-Nationalpark, Florida, USA
25° 16′ 25″ Nord / 80° 50′ 18″ West

Unten: Der Wind rauscht sanft in den Baumwipfeln, das Wasser plätschert leise bei jedem Schlag der Paddel, der Atem wird ruhig. Mit dem Kanu den Spreewald zu durchstreifen bringt einen wieder sehr nah an die Natur.

Keine Dampfer, sondern kleine Ruderboote und Spreewaldgurken: Am Großen Hafen von Lübbenau ist auch die Gurkenmeile zu finden.

LÜBBENAU

Eine der ältesten Gaststätten des Spreewaldes liegt idyllisch auf einer Insel: Das Gasthaus Wotschofska geht auf das ausgehende 19. Jahrhundert zurück und gehört zu den beliebtesten Ausflugszielen des Spreewalds. Aber auch jenseits dieses touristischen Hotspots lohnt sich ein Besuch in Lübbenau. Dort locken unter anderem das Spreewaldmuseum und der lebendige Hafen, von dem aus man mit dem Boot auf Erkundung gehen kann. Auch spezielle Rundgänge, die sich den Spreewaldkrimis widmen, stehen im Angebot.

Tourist Info: Ehm-Welk-Str. 15, 03222 Lübbenau
Tel. 0 35 42/88 70 40
www.luebbenau-spreewald.com
Mo–Fr 9.30–18, Sa, So 10–16 Uhr

PADDELN IN BURG

Paddeln im Spreewald? Da denkt mancher sofort an das Herz der Gegend, an Lehde, das so schön von Wasser umgeben ist. Doch das ist schon lange kein Geheimtipp mehr, deswegen sollten Besucher in der Hochsaison lieber nach Burg ausweichen, um nicht Gefahr zu laufen, in einen Kanustau zu geraten. Burg eignet sich gut als Startpunkt für eine Paddeltour und verspricht etwas mehr Ruhe.

Tourist Info: Am Hafen 1
03096 Burg/Spreewald
Tel. 03 56 03/7 58 00
www.spreehafen-burg.de

SPREEWALDMUSEUM LEHDE

Das Dorf Lehde zählt schon an sich zu den schönsten Dörfern der Region, doch eine wahre Zeitreise verspricht der Aufenthalt im dortigen Freilandmuseum. Hier finden sich historische Bauernhäuser ebenso wie eine Kahnwerkstatt und alte Handwerksstuben. Umrahmt werden die Fachwerkhäuser von duftenden Bauerngärten, die im typischen Stil der Region angelegt sind.

An der Giglitza 1a
03222 Lübbenau/Ortsteil Lehde
30. März–30. Sept. tgl. 10–18, Okt. bis 17 Uhr

LEIPE

Idyllischer und abgeschiedener geht es kaum: Leipe gehört zu den schönsten Flecken im Spreewald, denn es befindet sich auf einer Insel. Nur rund 130 Einwohner zählt das Dorf, das bis 1936 nur per Kahn erreichbar war. Die kleinen Höfe, die alle wie selbstverständlich mit einem eigenen kleinen Hafen ausgestattet sind, wirken wie ein Platz aus einer anderen Welt.
Tourist Info: Raddusch, Lindenstr. 1
03226 Vetschau/Spreewald
Tel. 03 54 33/7 22 99, Mo–Fr 9–17 Uhr
www.spreewald.de

GURKENMEILE LÜBBENAU

Da ist sie endlich, die berühmte Spreewaldgurke. Auf der Gurkenmeile in Lübbenau gibt es das krumme grüne Gemüse in verschiedenen Varianten: mal scharf, mal klassisch, mal mit feiner Honignote. Zudem zeigen die Bauern und Erzeuger, dass nicht nur Gurken im Spreewald vorzüglich schmecken, sondern auch der Honig oder Aufstriche. Einfach mal durchprobieren.
Dammstr. 77 A
03222 Lübbenau/Spreewald
tgl. 9–17 Uhr

GURKENRADWEG

In einer Gegend, wo man mit dem Auto nicht weit kommt, macht es umso mehr Spaß, auf das Rad umzusteigen. Und was könnte naheliegender sein als der Gurkenradweg? Er erstreckt sich über 260 km in mehreren Schleifen durch den Spreewald, was unterschiedliche Rundtouren möglich macht. Besonders schön ist eine Tour von Lübbenau über Lehde nach Burg. Wer mag, kann natürlich noch viel weiter radeln. Den passenden Drahtesel kann man sich vor Ort leihen, etwa bei Fahrrad Goyn in Lübbenau (www.fahrrad-goyn.de).
www.gurkenradweg.de

RESTAURANTS

CAFÉ URBAN
Dass man im Spreewald Gurken essen sollte, ist ja allgemein bekannt. Aber es muss ja nicht immer die saure Variante sein. Wie wäre es mit Gurkeneis? Mit dieser Kreation überrascht das Café Urban, in dem es aber natürlich auch ganz normal Kaffee und Kuchen gibt.
Hauptstr. 39, 03096 Burg
Tel. 03 56 03/4 48, Di–So 10–18 Uhr
www.cafe-urban.de

LINARI SCHLOSS-RESTAURANT LÜBBENAU
Freuen Sie sich auf fein abgestimmte Menüs, inspiriert von heimischer Küche und internationalen Einflüssen. Gerne kommen Wildgerichte sowie Fisch aus der Region auf den Teller, es gibt aber auch ein eigenes Menü für Veganer.
Schlossbezirk 6, 03222 Lübbenau/Spreewald
Tel. 0 35 42/87 30, tgl. 14–17 und 18–21.30 Uhr
www.schloss-luebbenau.de

ÜBERNACHTUNGEN

STRANDHAUS
Der perfekte Ort für Wellness im Spreewald in einem modernen Hotel. Das Haus liegt direkt am Wasser und verspricht zu jeder Jahreszeit tolle Stimmungen, vor allem aber im Winter, wenn die Spa-Häuser mitten in der Frostlandschaft liegen.
Ernst-von-Houwald-Damm 16, 15907 Lübben
Tel. 0 35 46/73 64
www.strandhaus-spreewald.de, €€

DUBKOWER MÜHLE
Charmant inmitten der Spreewaldsiedlung Leipe befindet sich diese alte Mühle, die zu einem Restaurant und Hotel umgebaut wurde. Die Zimmer sind gemütlich-rustikal ausgestattet, das Haus liegt schön eingebettet in die Landschaft zwischen kleinen Auen und alten Bäumen. Eigener Boots- und Fahrradverleih.
Dubkow Mühle 1, 03222 Lübbenau/Leipe
Tel. 0 35 42/22 97, www.dubkow-muehle.de, €

17

MUSKAUER PARK MUŻAKOWSKI

51° 32′ 51″ NORD / 14° 43′ 25″ OST

WER DURCH DEN MUSKAUER PARK WANDELT, wähnt sich in einem Landschaftsgemälde – und in England. Tatsächlich ließ sich Fürst Hermann Pückler-Muskau auf wiederholten Englandreisen zu seiner »Naturmalerei« inspirieren. Jedenfalls hält sein Gartenreich dem Vergleich mit einem der schönsten Landschaftsgärten weltweit durchaus stand: Wie der 1740 eröffnete Stourhead Garden in England ist der Muskauer Park ein lebendes Gesamtkunstwerk. Wesentlichen Anteil an der Gestaltung des englischen Gartens – auch in Stourhead Garden – hatte der Landschaftsmaler und Architekt William Kent, der das Pittoreske in die Natur brachte, indem er die Natur einbezog. Hier wie dort sind Unregelmäßigkeiten und Grenzenlosigkeit durch ungerade Linien, Wasser, Wiesen, Bäume entscheidend für den malerischen Gesamteindruck.

Stourhead House and Gardens, Wiltshire, Großbritannien
51° 6′ 20″ Nord / 2° 19′ 4″ West

STOURHEAD

BAD MUSKAU

1.182 KM

Gleich nach seiner ersten Englandreise begann der Fürst 1815 beiderseits der Neiße Grundstücke aufzukaufen. Wie bei einem Bild ist der Park in Vorder-, Mittel- und Hintergrund gestaffelt: Auf die kleinteiligen Gärten am Schloss folgt der Pleasureground, der auf Bauwerke bezogen ist und in die weitläufigen Parkräume und die Landschaft der Umgebung überleitet. So eröffnen sich den Besuchern immer neue Blicke, Sichtachsen und Perspektiven. Das fast 840 Hektar große Areal lässt sich zu Fuß, aber auch mit dem Rad, einer Kutsche oder per Boot erkunden. Etwa zwei Drittel liegen jenseits der Neiße auf polnischer Seite, doch über die Englische Brücke und die Doppelbrücke an der Jeanetteninsel lässt sich ungehindert von einem Land ins andere wechseln. Der östliche Teil gliedert sich in Terrassenpark, Oberpark und Arboretum. Im Westen umfasst der Schlosspark die zentralen Bereiche mit dem Schlossensemble, die Blumengärten sowie den Pleasureground und den anschließenden Landschaftspark. Zu den wichtigen Bauwerken gehören Neues und Altes Schloss, Orangerie, Schlossvorwerk und Schlossgärtnerei mit Küchengarten. Durch den Bergpark wird auch Bad Muskau komplett in die Parklandschaft einbezogen. Leider ging Fürst Hermann von Pückler-Muskau nach fast drei Jahrzehnten das Geld aus, sodass er nicht alle seine Visionen umsetzen konnte. Umso beachtlicher ist, was er in Bad Muskau hinterlassen hat.

Unten: Über die 2020 sanierte gusseiserne Fuchsienbrücke gelangt man vom Neuen Schloss in den Blauen Garten mit der Liebeshöhe. Das strahlende Herbstlaub setzt den farblichen Kontrapunkt.

Die Waldeisenbahn Muskau feierte 2020 ihr 125-jähriges Bestehen. Der industrielle Betrieb wurde zwar ab 1978 schrittweise eingestellt, doch eine Gruppe von Eisenbahnfreunden ermöglichte mit Unterstützung der Kommunen nach 1990 die Wiedereröffnung als Touristenbahn.

NEUES SCHLOSS MUSKAU

Im Neuen Schloss, das sich im Stil der Neorennaissance präsentiert, nähert sich die multimedial konzipierte Dauerausstellung der schillernden Persönlichkeit des Fürsten Hermann Pückler-Muskau (1785–1871). Vom Schlossturm bietet sich ein grandioser Blick über den Park. In der Schlossgärtnerei wird die Kulturgeschichte der Ananas dokumentiert – und die exotische Frucht angebaut.
Neues Schloss, 02953 Bad Muskau
Tel. 03 57 71/6 31 00, Park frei zugänglich
Neues Schloss und Schlossgärtnerei tgl. 10–18 Uhr
www.muskauer-park.de

WALDEISENBAHN MUSKAU

Die von historischen Diesel- oder Dampflokomotiven gezogene Schmalspurbahn verkehrt regelmäßig von Weißwasser nach Bad Muskau oder Kromlau und zurück. Die Schienenanbindung war Ende des 19. Jahrhunderts für Ziegeleien, Sägewerke, Papierfabriken und Braunkohlegruben geschaffen worden, heute zuckeln die Züge zwischen Mai und Oktober meist am Wochenende als Touristenattraktion durch die Oberlausitz.
Besucherzentrum, Bahnhof Teichstr.
02943 Weißwasser, Tel. 0 35 76/20 74 72
Mai–Okt. ca. 10–17 Uhr
www.waldeisenbahn.de

FÜRST-PÜCKLER-MUSEUM – PARK UND SCHLOSS BRANITZ

Bevor die Familie Pückler ihren Stammsitz nach Muskau verlegte, residierte sie auf Schloss Branitz am Stadtrand von Cottbus. Hier wurde der »grüne Fürst« geboren und – nachdem er Muskau wegen Geldmangels hatte verkaufen müssen – auch bestattet. Zuvor schuf er aber nochmals einen englischen Landschaftspark mit kunstvollen Erdmodellierungen, Seen und Wasserläufen sowie Gehölzkompositionen, der ebenfalls ein Meisterwerk der Gartengestaltung wurde.

Robinienweg 5, 03042 Cottbus
Tel. 03 55/7 51 50
Park frei zugänglich, Schloss: Mai–Okt. tgl. 10–18, sonst Di–So 11–16, Marstall: Mai–Okt. tgl. 11–17 Uhr
www.pueckler-museum.de

GEOPARK MUSKAUER FALTENBOGEN/ ŁUK MUŻAKOWA

Die hufeisenförmige Stauchendmoräne, die als Muskauer Faltenbogen bekannt ist, erstreckt sich von Brandenburg über Sachsen bis in die polnische Woiwodschaft Lebus. Früher prägten Braunkohlegruben, Glasfabriken, Ziegeleien, Steinzeugwerke und Eisenhütten die Gegend. Heute erschließen Rad- und Wanderwege die waldreiche Bergbaufolgelandschaft, sodass Natur- und Geologiefreunde das Gebiet mit seinen Hunderten Restseen in unterschiedlichen Farben, Findlingen, Giesern und Mooren auf einer Fläche von 580 Quadratkilometern gut erkunden können.

Geopark-Infozentrum, Klein Kölzig, An der Ziegelei 1
03159 Neiße-Malxetal
Tel. 03 56 00/36 56 06, tgl. 9–15 Uhr
www.muskauer-faltenbogen.de

KROMLAUER PARK

Besuchermagnet im Kromlauer Park ist der Rakotzsee mit den Basaltsäulen darin und der auch Teufelsbrücke genannten Rakotzbrücke, die sich als fast perfekter Halbkreis über den See spannt. Im Park gedeihen neben Rhododendren und Azaleen, deren Blütenpracht im Mai/ Juni am schönsten ist, einige exotische und seltene Pflanzen, darunter Trompetenbäume, Färber- und Sumpfeichen. Mittendrin stehen das schlossähnliche Herrenhaus mit dem Turm und das Kavaliershaus im Schweizer Landhausstil. Jedes Jahr am Pfingstwochenende findet das große Park- und Blütenfest statt. Das Areal ist rund um die Uhr frei zugänglich.

Tourist Info: Kromlau, Altes Schloss 11
02953 Gablenz, Tel. 0 35 76/22 28 28
Mo–Fr 7.30–16, Mai–Okt. auch Sa 10–12 Uhr
www.kromlau-online.de

RESTAURANTS

GRÜNER FÜRST

Das gehobene Hotelrestaurant serviert zeitgemäße, frische und saisonale Küche. Auch Vegetarier und Veganer werden exzellent bekocht. Ein Highlight ist auf jeden Fall die Verkostung des hausgemachten Fürst-Pückler-Eises. *Schlossstr. 8 02953 Bad Muskau, Tel. 03 57 71/53 30 Mo–Do 15–21, Fr–So 12–21 Uhr, www.kulturhotel-fuerst-pueckler-park.de*

SCHLOSSCAFÉ

Außer Eis, Torten und Kuchen stehen auch Salate, Suppen oder Nudeln auf der übersichtlichen Speisekarte. Bei schönem Wetter sind die Plätze auf der Terrasse im ersten Stock des Neuen Schlosses mit Blick über den Park besonders begehrt. *Schlossstr. 2, 02953 Bad Muskau, Tel. 01 63/8 05 12 00 tgl. 10–18 Uhr, www.schlosscafe-badmuskau.de*

ÜBERNACHTUNGEN

KULTURHOTEL FÜRST PÜCKLER PARK

Das tolle Wellnessangebot ergänzen Anwendungen mit Naturmoor und Thermalsole. Die großzügigen, hellen Zimmer gehen auf den Marktplatz oder zum Muskauer Park hinaus.
Schlossstr. 8, 02953 Bad Muskau
Tel. 03 57 71/53 30
www.kulturhotel-fuerst-pueckler-park.de, €€

HOTEL KRISTALL

Das moderne Hotel mit Restaurant und entspannter Atmosphäre bietet geräumige, komfortable Zimmer im Ort Weißwasser und vermietet Ferienwohnungen im Schlossvorwerk, in der Hufschmiede und in einem alten Beamtenhaus des Muskauer Parks.
Karl-Liebknecht-Str. 34, 02943 Weißwasser
Tel. 0 35 76/26 40, www.hotelkristall.de, €€

HEILIGES GRAB
IN GÖRLITZ

⌀ 18

51° 9′ 32″ NORD / 14° 58′ 56″ OST

GÖRLITZ IST OHNE ZWEIFEL eine internationale Stadt. Direkt an der Lausitzer Neiße gelegen, die auch die Grenze zum benachbarten Polen bildet, sind die Übergänge hier im wahrsten Sinne des Wortes fließend. Hinzu kommen die vielen Anleihen, mit denen die Filmindustrie Görlitz über den gesamten Globus verteilt: So steht das Görlitzer Kaufhaus laut Wes Andersons »Grand Budapest Hotel« doch eigentlich mitten im fiktiven Land Zubrowka. Oder der Filmpalast Görlitz im Paris der 1940er-Jahre – so in Quentin Tarantinos »Inglorious Basterds«. Umgekehrt funktioniert die Sache aber auch hervorragend. Und zwar mit einem Kulturimport der ganz besonderen Art, in dessen Zentrum auch noch ein Emmerich – allerdings Georg mit Vornamen – steht. Als dieser in den 1460er-Jahren von seiner Pilgerreise ins Heilige Land nach Görlitz zurückkehrte, war ihm wohl klar: Jerusalem ist zwar auch die beschwerlichste Reise wert, aber es wäre doch schön, wenn dessen Sehenswürdigkeiten vor der eigenen Haustüre lägen. Gesagt, getan! So entstanden als Miniaturen eine Doppelkapelle zum Heiligen Kreuz, ein Salbhaus sowie eine Heilig-Grab-Kapelle. Allesamt in noch heute beeindruckender Detailtreue. Bei der Heilig-Grab-Kapelle kommt als Besonderheit sogar noch hinzu, dass ihre Vorlage in Jerusalem in dieser Form überhaupt nicht mehr anzutreffen ist. Man müsste also nicht nur nach Jerusalem, sondern auch in die Vergangenheit reisen, um sie zu bewundern. Eine

klare Empfehlung für die Görlitzer Gegenwart! Noch dazu, da man nicht bei den Gebäudenachbildungen Halt gemacht, sondern das ganze Projekt inklusive Stadt und Landschaft zu einem Gesamtensemble zusammengeführt hat. So startet man seinen Besuch am besten an der Pfarrkirche St. Peter und Paul, die als Beginn eines Passionswegs ausgewählt wurde, um auf dem Weg unter anderem auch den Ölberg samt Garten Gethsemane und Jüngerwiese zu erleben.

GÖRLITZ

2.718 KM

JERUSALEM

*Rechts: Grabeskirche, Jerusalem, Israel
31° 46' 43" Nord / 35° 13' 47" Ost*

Unten: Wie in Jerusalem gibt es auch in Görlitz eine Via Dolorosa. Sie beginnt an der Krypta der Pfarrkirche St. Peter und Paul und endet an der Heilig-Grab-Kapelle. Anders als das Original hat der Görlitzer Kreuzweg aber nicht 14, sondern nur sieben Stationen.

Auf der oberen Uhr am Görlitzer Rathausturm zeigt der große Zeiger die Stunde in einem 24-Stunden-Kreis an, der kleine die Mondphasen. Die untere Uhr lässt sich wie gewohnt ablesen.

NIKOLAITURM

Ein Schritt vor, zwei zurück – das ist der Rhythmus des Nikolaiturms. Denn während man über 128 Stufen voranschreitet, entführen einen allerlei spannende, manchmal auch kuriose Exponate in die Vergangenheit der Stadt. Der Turm selbst wurde im 14. Jahrhundert als Teil der Stadtmauer errichtet. Seine heutige Gestalt verdankt sich einem barocken Redesign, das durch die Zerstörungen eines Stadtbrands notwendig geworden war. Zu seiner bewegten Geschichte gehört auch ein ausschweifendes Studentenleben, für das zu DDR-Zeiten hier ein Café und eine Disco betrieben wurden.
Steinweg/Ecke Bogstr., 02826 Görlitz
Führungen April–Dez. jeweils am 2. und 4. Sa
im Monat um 14, 15, 16 Uhr
www.turmtour.fvks.eu/nikolaiturm

BAROCKHAUS UND KULTURHISTORISCHES MUSEUM

Kulturhistorisch geht es im Barockhaus an der Neißstraße weiter. Anfang des 17. Jahrhunderts errichtet, wurde es 1779 zum Sitz der Oberlausitzschen Gesellschaft der Wissenschaften. Dem Vorsatz der Wissensverbreitung ist man bis heute treu geblieben. Faszinierende Highlights sind hier die originalen Wohnräume des ersten Besitzers sowie das Millich'sche Raritätenkabinett. Und natürlich sollte man einen Blick in die Bibliothek der Wissenschaftsgesellschaft werfen, die mit ihrer klassizistischen Formensprache ohne Zweifel eine der schönsten Deutschlands ist.
Neißstr. 30, 02826 Görlitz
Di–Do 10–17, Fr–So 10–18 Uhr
Bibliotheksführung Mo 11 Uhr
www.goerlitzer-sammlungen.de

SCHÖNHOF UND SCHLESISCHES MUSEUM

Museumsabteilungen für Kunst und Kulturgeschichte sind eigentlich immer ein Muss, wenn man nicht nur die Gegenwart, sondern auch die Vergangenheit von Land und Leuten kennenlernen will. Das gelingt besonders gut im Schönhof, einem herrlichen Renaissancebeispiel für die hier typischen Hallenhäuser. In der Handelsstadt Görlitz hatte man sich nämlich vorgenommen, zwei Fliegen mit einer Klappe zu schlagen, indem man Warenkontor und Zuhause, vielleicht sogar noch ein kleines Gasthaus und einen Ausschank architektonisch genial zusammenführte.
Brüderstr. 8, 02826 Görlitz
Di–Do 10–17, Fr–So bis 18 Uhr
www.schlesisches-museum.de

ALTES RATHAUS

Ebenfalls Bürgermeister von Görlitz war der Astronom Bartholomäus Scultetus (1540–1614). Dem Rathausturm prägte er seinen Stempel mit zwei herrlichen Uhren auf. Eine ist für die Mondphasen, die andere für die irdische Zeit. In der Mitte des Zifferblatts öffnet ein Wächter jede Minute staunend Augen und Mund – der Legende nach wegen eines Feuers, das er verschlafen hatte. Auch selbst kommt man ins Staunen, wenn man den Turm über 191 Stufen hinaufgestiegen ist und von oben das herrliche Panorama genießt. Das Rathaus selbst ist ebenfalls absolut sehenswert. Aus einem Wohnhaus hervorgegangen und stetig erweitert, ist es heute ein faszinierendes Lehrbuch in Stilkunde.

Untermarkt 6–8, 02826 Görlitz
Führungen März–Dez. Mi–So 11–18 Uhr immer zur
vollen Stunde oder nach Vereinbarung
www.turmtour.fvks.eu/rathausturm

PFARRKIRCHE ST. PETER UND PAUL

Akustisch kommt man der Kirche an Sonn- und Feiertagen um 12 Uhr am nächsten. Denn dann lässt die berühmte Sonnenorgel hören, was alles in ihr steckt. Der Name kommt von der ungewöhnlichen Anordnung bestimmter Orgelpfeifen in Kreisform. Ungewöhnlich ist auch ihr Register, das selbst Tierstimmen umfasst. Und auch der Ort ihrer Aufstellung, die Pfarrkirche St. Peter und Paul — oft kurz Peterskirche genannt –, lässt es an Eindrücklichkeit nicht fehlen. Mit Ursprüngen im 11. Jahrhundert wurde sie im Lauf der Zeit zu einer imposanten fünfschiffigen Kirche ausgebaut, die als prunkvolles Musterbeispiel gotischer Baumeisterschaft bekannt ist.

Bei der Peterskirche 9, 02826 Görlitz
März–Okt. Mo–Sa 10–18, So 11.45–18,
Nov.–Dez. Mo–Sa 10–16, So 11–16 Uhr; Jan., Feb. geschl.
www.sonnenorgel.de

RESTAURANTS

SCHNEIDER STUBE

Das Restaurant gehört zum Romantik Hotel Tuchmacher in einem herrlichen Renaissancegebäude. Ein Blick auf die Speisekarte verrät: Hier gibt es regionale Küche auf höchstem Niveau. Und das zu sehr moderaten Preisen.

Peterstr. 8, 02826 Görlitz, Tel. 0 35 81/4 73 10
Di–So 12–14 und 18–22, Mo 18–22 Uhr
www.tuchmacher.de

PIWNICA STAROMIEJSKA

Man überquert einfach die Lausitzer Neiße über die Altstadtbrücke und ist schon im polnischen Zgorzelec. Im dortigen Brauhaus werden polnische und deutsche Klassiker serviert, die alle ausgezeichnet zum ausgeschenkten Bier und dem wunderbaren Ausblick auf Görlitz passen.

Wrocławska 1, 59-900 Zgorzelec
Tel. 00 48-75/7 75 26 92
tgl. 12–22 Uhr, www.piwnicastaromiejska.pl

ÜBERNACHTUNGEN

EMMERICH HOTEL

Klar, dass eines der ersten Häuser der Stadt dessen bekanntestem Impresario gewidmet ist. Erst vor Kurzem frisch renoviert, verbindet sich hier eine topmoderne Einrichtung mit gediegenem Komfort mitten in der Altstadt.

Untermarkt 1, 02826 Görlitz, Tel. 0 35 81/76 66 00
www.emmerich-hotel.net, €€

PENSION WIELSCH

Ebenfalls in der Altstadt findet man dieses kleine Schmuckstück, das die Balance zwischen historischem Ambiente und moderner Einrichtung spielend meistert. Noch dazu sind die Zimmer nicht nur äußerst behaglich, sondern auch sehr geräumig und mit allem Nötigen für einen mehrtägigen Aufenthalt ausgestattet.

Büttnerstr. 6, 02826 Görlitz
Tel. 01 73/3 65 50 09
www.pension-wielsch.de, €

19

SEUFZERBRÜCKE IN DRESDEN

51° 3′ 12″ NORD / 13° 44′ 14″ OST

DIE SEUFZERBRÜCKE befindet sich in Venedig, oder? Das ist richtig, aber sie ist nicht die einzige. Fast täuschend ähnlich ist ein Schwesterbau in Dresden. Und auch Bremen und Frankfurt haben eine Seufzerbrücke, doch die Dresdener Ausgabe ist der berühmten Seufzerbrücke von Venedig am ähnlichsten. Allerdings erzählt sie eine völlig andere Geschichte als jene.

Während die italienische Variante sich über den Rio di Palazzo spannt, um den Dogenpalast mit dem Gefängnis zu verbinden, sollten über die Dresdner Variante nicht Häftlinge, sondern Priester gehen. Der überdachte Holzsteg wurde im Jahre 1899 angebaut, um die katholische Hofkirche mit dem Südflügel des Schlosses zu verbinden. Die Benutzung durch Priester hielt sich aber in Grenzen, und so war die Brücke bald eher ein schmuckvolles Detail als eine notwendige Verbindung. Unter der Brücke, die sich als Bogen mit fünf Fenstern auf jeder Seite zwischen den Gebäuden spannt, verläuft die Chiaverigasse.

Ein Besuch im Residenzschloss von Dresden lohnt sich aber nicht nur wegen der Seufzerbrücke, auch seine Museen sollte man nicht verpassen. Vor allem das Grüne Gewölbe erlangte im Jahr 2019 traurige Berühmtheit, weil bei einem Einbruch Kunstwerke von unbeschreiblichem Wert entwendet wurden. Im Zuge der Berichterstattung wurde aber der breiten Öffentlichkeit auch wieder verdeutlicht, was für eine museale Schatzkammer das Grüne Gewölbe mit seinen Kunstwerken und Goldschmiedearbeiten ist.

Übrigens ist, wie schon erwähnt, die Dresdner Seufzerbrücke nicht das einzige Abbild, das an das Original in Venedig erinnert. Auch in Bremen verbindet eine Seufzerbrücke zwei Gebäude miteinander, nämlich das ehemalige Polizeihaus der Hansestadt (heute »Forum Am Wall«) und das Landgericht Bremen. Es muss also nicht immer Venedig sein, um Exotisches zu erleben.

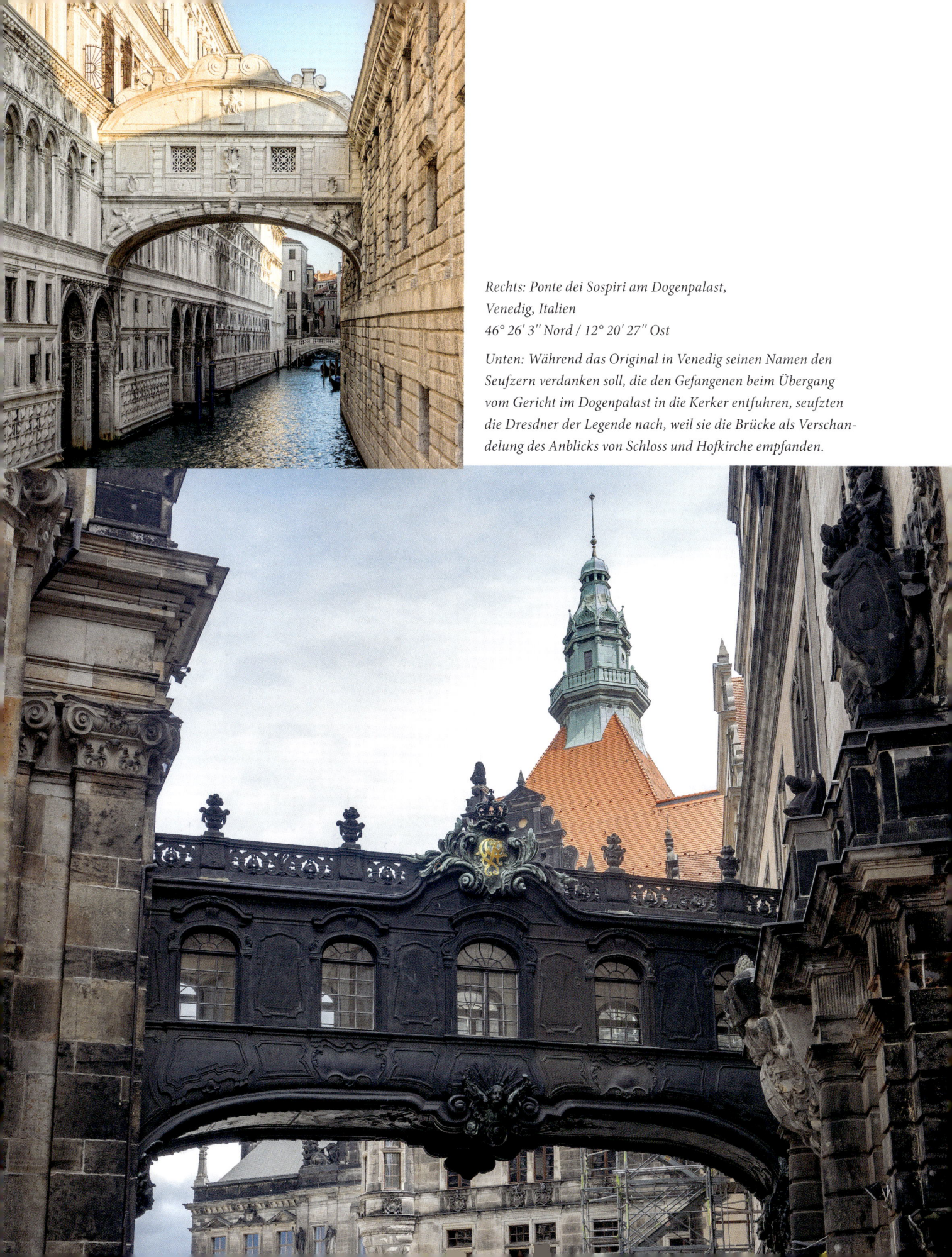

*Rechts: Ponte dei Sospiri am Dogenpalast,
Venedig, Italien
46° 26′ 3″ Nord / 12° 20′ 27″ Ost*

*Unten: Während das Original in Venedig seinen Namen den
Seufzern verdanken soll, die den Gefangenen beim Übergang
vom Gericht im Dogenpalast in die Kerker entfuhren, seufzten
die Dresdner der Legende nach, weil sie die Brücke als Verschan-
delung des Anblicks von Schloss und Hofkirche empfanden.*

RESTAURANTS

ELBSALON

Das Café in der Neustadt ist besonders beliebt für sein Frühstück. Hagebutten-Apfel-Marmelade oder Kräuterrührei auf Toast helfen bei einem guten Start in den Tag. Ansonsten liegt der Schwerpunkt auf Superfood und trendiger, junger Küche. *Königsbrücker Str. 74, 01099 Dresden Tel. 03 51/87 44 44 00 Mo–Fr ab 7, Sa, So ab 8 Uhr www.elbsalon.com*

LILA SOSSE

Mitten in der Kunsthofpassage befindet sich dieses Restaurant, das nicht nur ein ungewöhnliches, durchaus rustikales Ambiente bietet, sondern auch eine Küche, die deutsche Rezepte modern interpretiert und in Weckgläsern serviert. Sehr gut für Vegetarier geeignet. *Alaunstr. 70, 01099 Dresden, Tel. 03 51/8 03 67 23, Mo–Fr ab 16, Sa, So ab 12 Uhr www.lilasosse.de*

ÜBERNACHTUNGEN

MOTEL ONE

Ganz modern designt, liegt dieses Motel One sehr zentral direkt am Zwinger. Der kastenförmige Bau mit dem Leuchtschriftzug auf dem Dach verspricht Wohnen in stylischen Zimmern. Die großzügige Lobby ist eine Ruheinsel mitten im Getümmel der Stadt. *Postplatz 5, 01067 Dresden, Tel. 03 51/43 83 80, www.motel-one.com, €*

HOTEL VILLA SORGENFREI

Außerhalb der Stadt befindet sich ein Kleinod von Hotel: In der Villa Sorgenfrei in Radebeul fühlt man sich wie in einem kleinen Schloss. Hoher Romantikfaktor. *Augustusweg 48, 01445 Radebeul Tel. 03 51/7 95 66 60, www.hotel-villa-sorgenfrei.de, €*

KLETTERN IN DER SÄCHSISCHEN SCHWEIZ

Spektakulär sind sie, die Felsen der Sächsischen Schweiz. Schroffe Felsnadeln, die manchmal aussehen, als hätte ein Künstler Skulpturen in die Landschaft geschlagen. Das Elbsandsteingebirge mit den typischen Formationen wie der Bastei oder dem Falkenstein ist mit seinen postkartenschönen Ansichten in ganz Deutschland bekannt. *Tourismusverband Sächsische Schweiz Bahnhofstr. 21, 01796 Pirna Tel. 0 35 01/47 01 47, Mo–Fr 9–17 Uhr www.saechsische-schweiz.de*

ALTSTADT MIT FRAUENKIRCHE UND NEUMARKT

Schon wieder ein Vergleich mit Italien: Elbflorenz wird Dresden auch oft genannt, und das nicht ohne Grund. Mit den Kuppeln der Frauenkirche, der prächtigen Fassade der Semperoper und den bunten Barockgiebeln am Neumarkt zählt Dresdens Altstadt zu den wichtigsten Sehenswürdigkeiten Ostdeutschlands. Also einfach mal durch die Straßen schlendern und kleine Läden und Cafés entdecken. *Dresden Information Prager Str. 2 b, 01069 Dresden Tel. 03 51/50 15 01, tgl. 9–19 Uhr www.dresden.de*

BLICK VOM ERNEMANNTURM

Einst wurden auf dem Gelände Kameras gebaut, Linsen und Objektive für Fotoapparate. Seit 1993 ist das Gelände der Ernemann-Werke dem Experimentieren von Technik und Naturwissenschaften gewidmet. Nicht nur wegen des Museums lohnt sich der Besuch, sondern vor allem des Panoramas wegen. 48 m ist der Turm hoch, in der Kuppel der ehemals geplanten Sternwarte befindet sich nun ein Café mit einem wunderbaren Blick auf die Stadt. *Technische Sammlungen Dresden Museum für Wissenschaft und Technik Junghansstr. 1–3, 01277 Dresden Tel. 03 51/4 88 72 72 Di–Fr 10–30–17, Sa, So 10.30–18 Uhr, www.tsd.de*

1880 gründete der Bauer Paul Pfund seine Molkerei in Dresden mit der überaus erfolgreichen Geschäftsidee, Kühe im Stadtgebiet zu halten und damit stets frische Milch verkaufen zu können. Zu DDR-Zeiten zwangsverstaatlicht und 1978 geschlossen, konnte der Betrieb ab 1995 in den alten Räumen mit den kostbaren Fliesen wieder aufgenommen werden.

SCHWEBEBAHN

Die älteste Schwebebahn der Welt startet im Stadtteil Loschwitz und fährt von dort nach Oberloschwitz. Die knapp fünfminütige Fahrt überwinden die Waggons fast gleitend, denn sie sind hängend an Eisenschienen befestigt. Die immer kleiner werdenden Häuser und der Panoramablick auf die Stadt sind allemal lohnend, ebenso wie das Erlebnis, in einem Technikwunder mitzureisen. Oben wartet ein Café auf die Besucher.
Betriebszeiten: tgl. 10–18 Uhr, www.dvb.de

PFUNDS MOLKEREI

Sie gilt als schönster Milchladen der Welt – und das nicht ganz zu Unrecht: Die Wände sind über und über mit bunten Majolikafliesen ausgestattet, bei denen kein Motiv dem anderen gleicht. So wirkt diese ehemalige Verkaufsstelle heute eher wie ein Raum in einem Schloss als wie ein Ladengeschäft. Feinschmecker freuen sich über die exquisiten Rohmilchkäse, die vor Ort verkostet und erworben werden können.
Bautzner Str. 79, 01099 Dresden
Tel. 03 51/80 80 80, Mo–Sa 10–18, So 10–15 Uhr
www.pfunds.de

RADTOUR AN DER ELBE

Schönes Wetter? Dann nichts wie ab an die Elbe, am besten per Rad. Der Elberadweg gehört zu den schönsten in Deutschland und führt von der Quelle in Tschechien bis zur Mündung in die Nordsee. Auf jeder Etappe gibt es viel zu entdecken, die schönsten von Dresden aus aber führen entweder gen Meißen mit Stopp in der Porzellanstadt oder aber gen Osten durch das Sandsteingebirge nach Tschechien. Wer mehr Zeit einplant, könnte es bis nach Prag schaffen.
www.elberadweg.de

20

PLATTENBAUTEN IN CHEMNITZ

50° 48' 5" NORD / 12° 53' 27" OST

Plattenbauten haben heute ein denkbar schlechtes Image, galten zur Zeit ihrer Errichtung aber als Lösung eines drängenden Wohnungsnotstands. Nach der Wende wurden viele Häuser abgerissen, weil die Mieter wegzogen, doch ein Großteil wurde modernisiert und zurückgebaut. Im Fritz-Heckert-Gebiet (das diesen Namen offiziell nicht mehr trägt) leben heute noch fast 40.000 Menschen.

MANCHMAL IST DIE FERNE SO NAH. Wer durch die sächsische Großstadt streift, die zu DDR-Zeiten Karl-Marx-Stadt hieß, kann sich beim Anblick von Plattenbauten in den Indischen Ozean träumen. Inbegriff der »Platte« ist das Fritz-Heckert-Gebiet, eines der größten Bauvorhaben der 1970er- und 1980er-Jahre, in dem schnell günstiger und moderner Wohnraum entstand. Doch seit der deutschen Wiedervereinigung hat die Siedlung um den Südring und die Stollberger Straße an Attraktivität verloren. Inzwischen sind fast die Hälfte der Wohneinheiten abgerissen, viele Häuser saniert und manche um Stockwerke zurückgebaut worden.

Nach wie vor begehrt sind die Plattenbauten allerdings in Sansibar-Stadt auf Unguja, der Hauptinsel des Archipels vor der Küste Ostafrikas. Kilometerlang säumen sie die Durchfahrtstraßen in den Vierteln Michenzani und Kikwajuni außerhalb der Altstadt Stone Town, besonders die Karume Road. Abeid Amani Karume, der Revolutionsführer und erste Präsident der 1964 ausgerufenen Volksrepublik Sansibar und Pemba, hatte als erster afrikanischer Regierungschef die DDR als Staat anerkannt. Als Gegenleistung schickte Ulbricht deutsche Ingenieure und Bauplatten auf die Insel. Eigene Toiletten, fließendes Wasser und Strom gehören zu den Vorteilen der Wohnungen, auch wenn die Häuser längst generalüberholt

werden müssten. Sie scheinen genauso in Vergessenheit geraten zu sein wie das Marx-Zitat aus dem Kommunistischen Manifest hinter der monumentalen Bronzebüste in der Chemnitzer Brückenstraße: »Proletarier aller Länder, vereinigt Euch!«

Und so wie das sozialistische Erbe Sansibars kaum bekannt ist – anders als die osmanische Architektur, die indischen Einflüsse und die Strandresorts unter Palmen –, verdient auch die architektonische Vielfalt in Chemnitz eigentlich mehr Aufmerksamkeit. Neben Plattenbauten, historischen Fabrikgebäuden und Jugendstilvillen ist Anfang des 21. Jahrhunderts mit Beteiligung renommierter Architekten wie Helmut Jahn, Hans Kollhoff und Christoph Ingenhoven ein pulsierendes urbanes Zentrum entstanden. Für alle, die sich für moderne Architektur und Industriekultur interessieren, gehört Chemnitz sicher zu den spannenden Reisezielen. *www.chemnitz-tourismus.de*

Stone Town, Sansibar, Tansania
6° 9′ 49″ Süd / 39° 11′ 23″ Ost

Seit Mitte des 19. Jahrhunderts entstanden zahleiche Fabriken in Chemnitz, die Gießerei- und Montagehallen der Escher AG wurden 1907 gebaut. Die Industriekultur ist heute sowohl im Museum als auch im Stadtbild präsent.

SÄCHSISCHES INDUSTRIEMUSEUM

In der ehemaligen Gießerei Escher mit dem markanten Backsteingebäude werden gut 220 Jahre sächsischer Geschichte unter dem Motto »Industrie im Wandel« in Szene gesetzt. Chemnitz und Umgebung waren für die Entwicklungen in der Automobilindustrie, im Werkzeug-, Büro- und Textilmaschinenbau prägend. Dabei schlägt die Ausstellung immer wieder den Bogen in die Gegenwart. Und außer imposanten Maschinen und historischen Automobilen steht das Leben der Menschen von der Industrialisierung über die DDR-Zeit bis zur Gegenwart im Mittelpunkt – und nicht nur die berühmten Erfinder, Ingenieure und Fabrikanten, sondern auch die Arbeiter und ihr Alltag.
Zwickauer Str. 119, 09112 Chemnitz
Tel. 03 71/3 67 61 40
Di–Fr 9–17, Sa–So 10–17 Uhr
www.saechsisches-industriemuseum.de

KUNSTSAMMLUNGEN CHEMNITZ

Gemälde von Albrecht Dürer und Caspar David Friedrich, Max Slevogt, Lovis Corinth und Edvard Munch zeigt das König-Albert-Museum ebenso wie von Jörg Immendorff und Georg Baselitz. Zu den Schwerpunkten gehören die Romantik und der Expressionismus der »Brücke«. Prominent vertreten ist Karl Schmidt-Rottluff, der aus Chemnitz stammt und hier mit Ernst Ludwig Kirchner und Ernst Heckel aufgewachsen ist.
Theaterplatz 1, 09111 Chemnitz, Tel. 03 71/4 88 44 24
Di, Do–So 11–18, Mi 14–21 Uhr
www.kunstsammlungen-chemnitz.de

VILLA ESCHE

Henry van de Velde gilt als einer der vielseitigsten Künstler des Jugendstils und Wegbereiter der Moderne. Diesen Übergang dokumentiert die Villa Esche.

Mit ihrem Bau hatte der Chemnitzer Strumpffabrikant Herbert Eugen Esche den Belgier 1902 beauftragt. Sein künstlerisches Gesamtkonzept umfasste viele Details vom Gartenzaun bis hin zum Geschirr. Heute bietet die großteils original erhaltene Ausstattung den idealen Rahmen für das dem Architekten gewidmete Museum.
Parkstr. 58, 09120 Chemnitz, Tel. 03 71/5 33 10 88
Do–So 10–18 Uhr, www.villaesche.de

AUGUST-HORCH-MUSEUM

Der Grundstein der sächsischen Automobilproduktion wurde 1904 mit der Errichtung der Horch-Werke in Zwickau gelegt. Das Museum befindet sich an der historischen Geburtsstätte von Audi, später wurden hier auch DKW und Trabant gefertigt. Auch die Marke Wanderer gehört zu den über 115 Jahren Zwickauer Automobil-geschichte, die mittels vieler Exponate veranschaulicht wird.
Audistr. 7, 08058 Zwickau, Tel. 03 75/2 71 73 80
tgl. 10–18 Uhr, www.horch-museum.de

SACHSENRING

Auf der Rennstrecke etwa 15 km südwestlich von Chemnitz werden diverse Fahrsicherheitstrainings für Pkw- und Motoradfahrer mit dem eigenen Fahrzeug angeboten. Man darf aber auch frei in Formel-Rennwagen, Touren- und Sportwagen über den verschlungenen Rundkurs rasen. Oder man begnügt sich mit der Indoor-Kartbahn.
Am Sachsenring 2, 09353 Oberlungwitz
Tel. 0 37 23/6 53 30, nach Vereinbarung
Kartbahn: Di–Fr 17–22, Sa–So 14–22 Uhr
www.sachsenring.de

RESTAURANTS

ÜBERNACHTUNGEN

ALEXXANDERS

Die Speisekarte ist übersichtlich und ambitioniert, die Küche saisonal und kreativ – hier schmeckt es vorzüglich, egal ob Fleisch, Pasta, Suppen, vegetarisch oder vegan. Und nach dem Essen unbedingt ans Dessert denken!
Ludwig-Kirsch-Str. 9, 09130 Chemnitz
Tel. 03 71/4 31 11 11
Di–Fr 12–14 und 18–22, Sa 18–22 Uhr
www.alexxanders.de

ONKEL FRANZ

Die gemütliche Schank- und Speisestube mit Biergarten ist auch bei den Chemnitzern beliebt. Die Küche ist durchgehend geöffnet und serviert einige sächsische Spezialitäten wie Schneeberger Knappenfleisch. Gäste können den Besuch mit einem Bummel durch das Jugendstil- und Gründerzeitviertel Kaßberg verbinden.
Franz-Mehring-Str. 2, 09112 Chemnitz
Tel. 03 71/31 29 99, tgl. 11–24 Uhr, onkel-franz.com

BIENDO HOTEL

Das durchgestylte Hotel mit klaren Linien und ausgewählten Farbakzenten befindet sich in einem Hochhaus am Stadthallenpark. Es gibt auch barrierefreie und Familienzimmer. Wer die phänomenale Aussicht über die Stadt genießen möchte, sollte ein Zimmer im oberen Stockwerk buchen.
Straße der Nationen 12, 09111 Chemnitz
Tel. 03 71/4 33 19 20
www.biendo-hotel.de, €

HOTEL AN DER OPER

Der 1962 als Hotel Moskau am DDR-Prachtboulevard errichtete Plattenbau ist längst modernisiert; aus den Fenstern zum Theaterplatz hin blickt man auf Oper, Rathaus und Petrikirche. Die hellen Zimmer sind schick eingerichtet, auch die Einzelzimmer wirken nicht beengt. Auch Restaurant, Café und Bar kümmern sich um das Wohlbefinden der Gäste.
Straße der Nationen 56, 09111 Chemnitz
Tel. 03 71/68 10, www.hoteloper-chemnitz.de, €

DER SÜDEN

In Wiesbaden zwitschern die Sittiche ebenso exotisch in den Baumwipfeln wie im südindischen Kerala. In der nördlichen Oberpfalz harren obskur geschmückte Skelette, deren vermeintlich letzte Ruhestätte die Katakomben von Rom waren und die eine unerwartete Aufwertung erfahren haben. Ob Blautopf (Schwäbische Alb) oder Blue Hole (Karibik): Der Blick in die tiefblauen Tiefen ist so oder so fantastisch. Los geht die Entdeckungstour durch das südliche Deutschland!

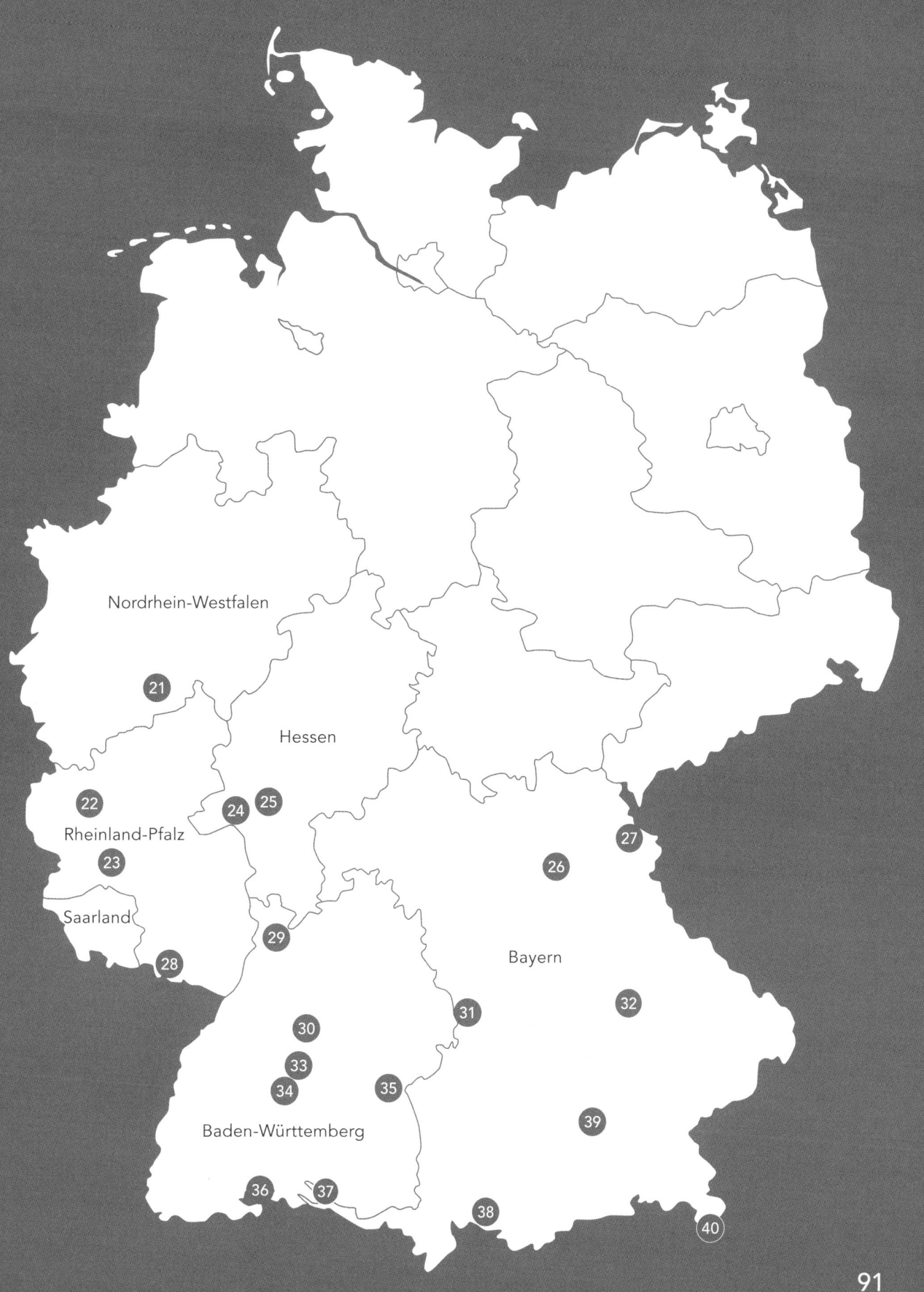

Nordrhein-Westfalen

Hessen

Rheinland-Pfalz

Saarland

Bayern

Baden-Württemberg

21

KANZLER-
BUNGALOW BONN

50° 43' 18" NORD / 7° 7' 4" OST

PROTZIGE SCHLÖSSER und in verschwenderischem Reichtum strahlende Paläste, vielleicht die Burg Hohenzollern – Ähnliches mag einem beim Begriff Repräsentationsbau vorschweben. Aber nicht hier. Nicht in Barcelona und auch nicht in Bonn, wo man zwei Vertreter des modernen Bauens findet, die von einer ganz eigenen und völlig neuen Pracht sind. Dafür spricht schon der mutige Entwurf beider Gebäude als einstöckige Flachdachbauten. Sie versprechen zwar keine besondere Aussicht (wobei der Blick auf den Rhein in Bonn nicht zu verachten ist), dafür sind aber ihrer beider Einsichten architektur- wie weltgeschichtlich fantastisch. Der von Ludwig Mies van der Rohe für die Weltausstellung 1929 gestaltete Barcelona-Pavillon ist ein meisterhaftes Beispiel für das Neue Bauen und seinen damit einhergehenden Entwurf des Lebens im 20. Jahrhundert. Offenheit und klare Linien finden zusammen mit Luxuriosität zu einer einmaligen Balance – vom äußeren Gesamteindruck bis zu jedem einzelnen, von Mies van der Rohe selbst designten Möbelstück.

Ganz Ähnliches und doch ganz anderes erzählt der Kanzlerbungalow, der in den 1960er-Jahren errichtet wurde und bis 1999 offizielle Residenz des Bundeskanzlers war. Als bedeutendes Beispiel der Nachkriegsarchitektur bedient er sich ebenfalls einer klaren Formensprache und überzeugt durch seine offene Gestaltung, die in engem Dialog mit den Ideen des Bauhauses steht. Als Symbol einer noch jungen Demokratie nach den Grauen

vom Holocaust und Zweiten Weltkrieg geht es bei ihm aber nicht um die Realisierung einer Menschheitsutopie. Das Neue Bauen hatte ja selbst erleben müssen, wie seine Entwürfe für das Nazi-Regime adaptiert und in einen Albtraum verkehrt wurden. Hier spricht die klare Form von einer zurückgenommenen und für den Dialog mit Gästen aus aller Welt offenen Architektur. Dem Architekten Sep Ruf gelang damit der Amtssitz eines Regierungsoberhaupts, der zwar zunächst kontrovers diskutiert wurde, seiner geschichtlichen und ästhetischen Bedeutung aber zweifellos gerecht wurde. Nicht umsonst ist er heute eine Hauptstation auf dem »Weg der Demokratie«.

Rechts: Barcelona-Pavillon,
Barcelona, Spanien
41° 22' 14'' Nord / 2° 9' 0'' Ost

Unten: Wie aus einem Guss — der
Kanzlerbungalow in Bonn. Die Innen-
einrichtung haben die Bewohner
Kiesinger, Schmidt und Kohl ihren
Geschmäckern angepasst.

PLENARGEBÄUDE IM WORLD CONFERENCE CENTER

Bevor Berlin zum Dicken B wurde, war das Bonn. Ein besonderer Zeuge dieser Geschichte ist der für die alte Bundesrepublik errichtete Plenarsaal. Noch vor der Fertigstellung wurde der Umzug nach Berlin beschlossen, sodass er nur etwa acht Jahre lang genutzt wurde. Dafür kündet bis heute die Architektur in klar-modernen Konturen vom demokratischen Geist: Glasfassaden machen den Saal mit seiner inklusiven kreisförmigen Bestuhlung allseitig einsehbar. Die Absenkung des Raums unter Bodenniveau nivelliert den Unterschied zwischen innen und außen. So bleibt Demokratie nicht nur ein Wort, sondern wird hier selbst zum Erleben.

Platz der Vereinten Nationen 2, 53113 Bonn
Führungen meist Sa, So 14 und 15 Uhr
www.worldccbonn.com/service/
fuehrungen-im-plenargebaeude.html

BUNDESKUNSTHALLE

Wann hat man einmal die Gelegenheit, für eine Bundesstraße zu schwärmen? Bonn macht es möglich. Denn die B 9 ist hier besser als Museumsmeile bekannt. Wie Perlen auf der Kette reihen sich längs der Allee die Ausstellungsinstitutionen aneinander, vom Zoologischen Museum Koenig über Kunstmuseum und Haus der Geschichte bis zur wuchtig imposanten Kunst- und Ausstellungshalle der Bundesrepublik Deutschland. Dem offiziellen wie sperrigen Namen wird die Institution mit ihren großzügigen Ausstellungsräumen vollauf gerecht, was die hohen Besucherzahlen eindrucksvoll belegen. Nicht nur dank Carsten Höllers »Bonner Rutsche« ist dies ein wahrer Spielplatz, auf dem sich Kunstfreunde richtig austoben können.

Helmut-Kohl-Allee 4, 53113 Bonn
Di, Mi 10–21, Do–So 10–19 Uhr
www.bundeskunsthalle.de

RESTAURANTS

REDÜTTCHEN

Zum herrschaftlichen Ball- und Konzerthaus La Redoute versteht sich das Redüttchen augenzwinkernd als kleines Anhängsel. Mit dem Gaumen lernt man aber schnell die wahre kulinarische Größe dieser Institution kennen.

Kurfürstenallee 1, 53117 Bonn
Tel. 02 28/68 89 88 40, Di–Sa ab 18 Uhr
www.reduettchen.de

CAFÉ VON&ZU

Der Name ist Programm: Hier kochen die Mitglieder eines internationalen Küchenteams die Speisen ihrer Heimatländer authentisch und mit viel Liebe. Mit italienischen, persischen, indischen und nordafrikanischen Gerichten ist hier die Welt zu Gast.

Bonner Talweg 77, 55113 Bonn
Tel. 02 28/41 07 67 67
Mo–So 12–22, Fr und Sa bis 23 Uhr
www.vonundzu-bonn.de

ÜBERNACHTUNGEN

KAMEHA GRAND BONN

Das Kameha könnte mit seinem tollen Ausblick auf den Rhein schon fast selbst eine Sehenswürdigkeit sein und ist mit seinem Sternerestaurant Yuniko auf jeden Fall ein hervorragender Restaurant-Tipp. Die Übernachtungen in den geräumigen und schön gestalteten Zimmern und Suiten stehen dem in nichts nach.

Am Bonner Bogen 1, 53227 Bonn
Tel. 02 28/43 34 50 00, www.kamehabonn.de, €€

BOARDING HAUS AN DER HEUSSALLEE

Vor dem Umzug nach Berlin wurden die Apartments von Bundestagsabgeordneten bewohnt. In diesem besonderen historischen Ambiente lässt es sich ebenso komfortabel schwelgen wie in der überaus bequemen Einrichtung und Ausstattung.

Heussallee 7–9, 53113 Bonn
Tel. 02 28/33 80 60
www.boarding-haus-heussallee.com, €€

Die Bauherren von Schloss Drachenburg müssen ein ganzheitliches Landschaftsbild im Kopf gehabt haben. Zu perfekt fügt sich der neugotische Bau in die Landschaft unterhalb der Ruine von Burg Drachenfels.

BEETHOVEN-HAUS

Er ist einer der berühmtesten Komponisten aller Zeiten. Und das nicht nur dank seiner Fünften Symphonie, die zu einer Art Inbegriff klassischer Musik geworden ist. Gemeint ist natürlich kein anderer als Ludwig van Beethoven, der aus Bonn stammt. In der heutigen Bonngasse 20 steht sein Geburtshaus. Schon seit Ende des 19. Jahrhunderts wird hier ein Museum betrieben. Und auch heute werden auf zeitgemäße Weise Leben und Werk des Meisters erlebbar gemacht. Im Nachbargebäude, das unter anderem einen Kammermusiksaal beherbergt, finden zudem regelmäßig Konzerte statt.

Bonngasse 20, 53111 Bonn
aktuelle Öffnungszeiten siehe Website
www.beethoven.de

DRACHENFELS

»Hinter den sieben Bergen bei den sieben Zwergen« geht es sicherlich auch munter zu, wie die Brüder Grimm zu berichten wussten. Aber auf den Bergen erst recht. Am besten setzt man sich bei Königswinter in die Drachenfelsbahn, die einen per Zahnrad zum Gipfelstürmer werden lässt. Auf halber Strecke steigt man aus, um sich vom Schloss Drachenburg in seinen genialen neugotischen Bann schlagen zu lassen. Dann geht es weiter nach oben zur herrlich romantischen Ruine der Burg Drachenfels, von der aus man zusätzlich noch einen fantastischen Ausblick über Stadt, Land und Fluss genießen kann.

www.schloss-drachenburg.de
www.drachenfelsbahn.de

KREUZBERGKIRCHE

Das Münster und die Namen-Jesu-Kirche sind zwei der bekanntesten und absolut sehenswerten Kirchen in Bonn. Mit der Kirche auf dem Kreuzberg – noch eine Berlin-Parallele – sei hier aber noch ein besonderes Juwel empfohlen. Die Wurzeln des Ensembles reichen bis in die Anfänge des 17. Jahrhunderts zurück. Durch die Zeit wurde es immer mehr erweitert, um heute vorrangig in barocker Herrlichkeit zu erstrahlen. Highlight ist auch die Rekonstruktion der Heiligen Treppe, die ursprünglich von Balthasar Neumann geschaffen wurde. Und natürlich hält die Lage das Versprechen auf schöne Aussicht mehr als ein.

Stationsweg 21, 53127 Bonn
tgl. 9–18, im Winter bis 17 Uhr
www.kreuzberg-bonn.de/ort

22

MAARE IN DER VULKANEIFEL

50° 10' 39" NORD / 9° 50' 11" OST

Am Gemündener Maar gibt es sogar ein kleines Naturfreibad für all diejenigen, die sich schon immer einmal in einer Pore der Erdkruste treiben lassen wollten.

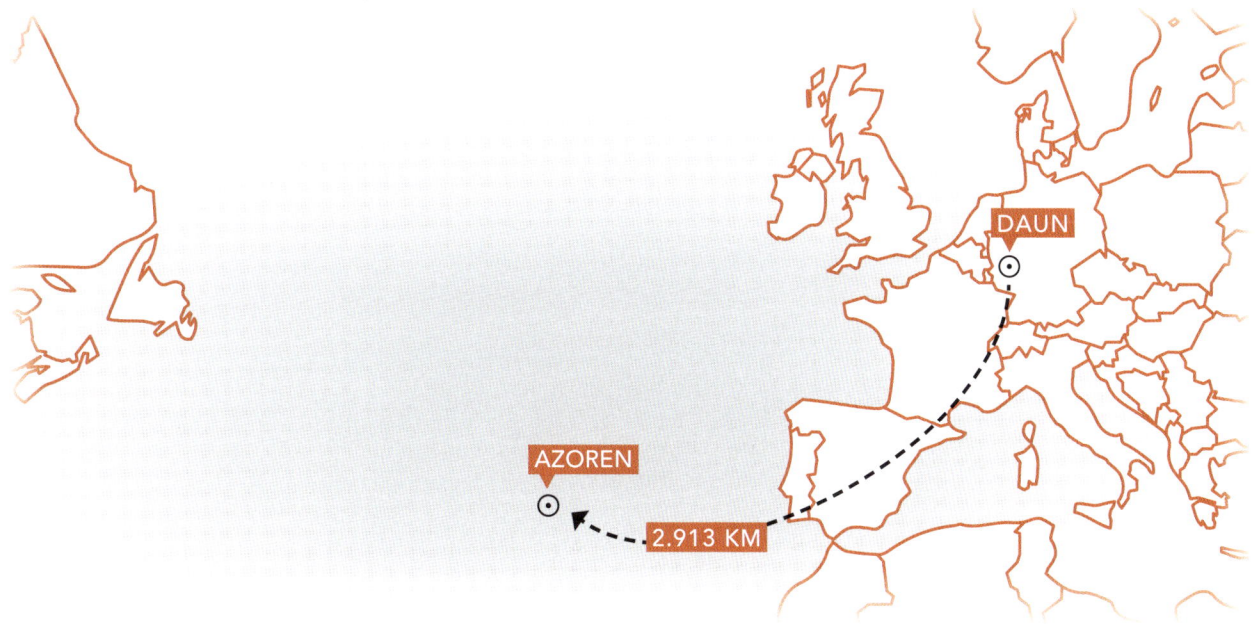

DAUN

AZOREN

2.913 KM

WIE BLAUE AUGEN, rund und glänzend, blitzen sie aus der grünen Landschaft hervor: Kreisrunde Kraterseen, die sogenannten Maare, machen die Besonderheit der Vulkaneifel aus, einer Landschaft zwischen dem Rhein und der Grenze zu Luxemburg und Belgien. Während manche Menschen Vulkane eher in der Karibik oder auf spanischen Inseln verorten, findet man sie sogar in Deutschland – in Rheinland-Pfalz eben. In manchen der geometrisch perfekt wirkenden Seen kann man im Sommer sogar baden oder surfen.

Die Vulkane der Eifel sind gemessen an anderen Feuerbergen echte Jungspunde: Erst vor etwa 10.000 Jahren wurde die Landschaft zu der geformt, die sie heute ist. Grund der besonderen Topografie ist, dass das aufsteigende Magma bei den Vulkanausbrüchen damals auf Grundwasser stieß. Dadurch bildeten sich riesige Dampffontänen mit explosiver Wirkung, die tiefe Einbruchrichter rissen. Heute sind sie größtenteils mit Wasser gefüllt und bilden die charakteristischen Seen der Eifel. Rund 75 Maare haben Forscher bis heute in der Region nachgewiesen. Doch es könnte viel mehr Vulkanseen in der Eifel geben, wenn nicht die Natur ein starkes Eigenleben führen würde. Schilf, Gras und Büsche siedelten sich um die Gewässer an und wucherten, sodass viele alte Kraterseen im Lauf der Zeit verlandeten. Insgesamt sind nur noch zwölf Maare mit Wasser gefüllt. Dazu gehört zum Beispiel das Gemündener Maar, mit 38 m nicht gerade der tiefste See Deutschlands, aber immerhin eines der tiefsten Eifel-Maare. Umrahmt von einem Kranz aus Buchenwald, sieht dieser Kratersee besonders schön aus, weil er fast die perfekte kreisrunde Form hat. Wer diese rund geformten blauen Seen sieht, vielleicht noch im schönsten Sommerlicht, wird erkennen, dass man nicht nach São Miguel auf die Azoren reisen muss – exotische Landschaften gibt es auch im Westen Deutschlands. Übrigens sind die Vulkane noch immer aktiv, manchmal steigen sogar Bläschen in den Seen auf oder die Erde bebt leicht – alles Hinweise darauf, wie viel Aktivität unter der Erde brodelt. Ganz schön spannend hierzulande, oder?

Kratersee Lagoa de Santiago, São Miguel, Azoren, Portugal
37° 44' 47'' Nord / 25° 39' 30'' West

Über den Dächern von Monschau ... Wer will da schon nach Nizza? Gut, etwas wärmer ist es dort, nicht nur jahreszeitlich bedingt, dafür gibt es kein Fachwerkidyll.

AUSSICHTSTURM »LANDESBLICK«

Am schönsten sind die »Eifelaugen«, wie die Maare auch genannt werden, natürlich von oben. Da es mitunter schwierig ist, mal eben ein Flugzeug oder (besser) einen Heißluftballon zu ergattern, gibt es auch einfache und kostengünstigere Varianten für einen Panoramablick. Der Aussichtsturm Landesblick befindet sich rund 200 m hoch über dem größten Maartrichter, dem Meerfelder Maar. Der Rundblick von dem Holzturm reicht vor allem bei gutem Wetter weit in die Landschaft.
Eifel Tourismus, Kalvarienbergstr. 1, 54595 Prüm
Tel. 0 65 51/9 65 60
Mo–Fr 8.30–17 Uhr, www.eifel.info

WANDERN AUF DEM VULKAN-PFAD

Im Frühjahr, wenn der Ginster die Landschaft mit gelben Tupfen übersät, ist es am schönsten: Der Wanderweg um das Eichholzmaar zählt zu den erlebnisreichsten und malerischten Rundwegen der Region. Wer dort wandert, kommt an eisenhaltigen Quellen wie denen des Duppacher Drees oder des Aueler Drees vorbei. Sattgrüne Wiesen und Wälder säumen den Weg, ebenso wie gute Einkehrmöglichkeiten.

Georundweg Steffeln, Länge 10 km
Informationen über Eifel Tourismus
www.eifel.info

STERNE GUCKEN

Dünn besiedelte Flächen wie der Nationalpark Eifel haben nicht nur einen Vorteil für die Tierwelt, auch Astronomen freuen sich, denn hier stört weniger Lichtverschmutzung die Beobachtung des Sternenhimmels. Und so ist der Nationalpark Eifel als Sternenpark einer der besten Orte Deutschlands, in denen man Milchstraße, Jupiter, Venus und Co. beobachten kann – schon mit bloßem Auge, besser noch mit Teleskop. Besonders schön ist eine nächtliche Sternenwanderung.
Sternwarte Schleiden, Vogelsang IP, 53937 Schleiden
Tel. 02 21/44 90 05 86
www.sterne-ohne-grenzen.de

MÜHLSTEINHÖHLE ROTHER KOPF

Mit seinen 566 m ragt der Vulkankegel Rother Kopf aus der Landschaft empor. Er befindet sich am Wanderweg Eifelsteig und lässt sich auch in seinem Inneren erforschen. Taschenlampe, festes Schuhwerk und warme

Kleidung gehören ins Gepäck, bevor es hineingeht. Beim Abbau der Steine, die als Mühlsteine gebraucht wurden, sind einzigartige Höhlensysteme entstanden, die sich heute erkunden lassen.
Tourist Info: Bahnhofstr. 4, 54568 Gerolstein
Tel. 0 65 91/13 31 00, Mo–Fr 9–16.30, Sa 9–13 Uhr
www.gerolstein.de

MONSCHAU

Am besten nähert man sich ihr auf Schusters Rappen: Durch Buchenwälder erreicht der Eifelwanderer die Fachwerkstadt Monschau. Mit ihrer über der Stadt thronenden Burg ist Monschau eines der beliebtesten Ausflugsziele der Region. Vor allem die kleinen Gassen mit den Fachwerkhäusern und den kleinen Museen begeistern die Touristen. Besonders sehenswert: die Senfmühle in der Rurstraße mit dem drehenden Wasserrad.

Monschau-Touristik, Stadtstr. 16, 52156 Monschau
Tel. 0 24 72/8 04 80
April–Okt. 9–13 und 13.30–17,
Nov.–März 10–13 und 13.30–16 Uhr
www.monschau.de

ERLEBNISSCHMIEDE KNAUF

Dieses Handwerkserlebnis riecht man schon von Weitem: Flammen lodern empor, ein bärtiger Mann steht am Amboss und zwingt mit seinem Hammer glühendes Eisen in eine Rundung. In der Erlebnisschmiede Knauf erleben Besucher eine Zeitreise und schauen dem Schmied über die Schulter, wie er sein altes Handwerk ausübt.
Maifeldstr. 22, 54597 Duppach
Tel. 0 65 58/12 60, April–Sept. Di ab 17, Sa ab 14 Uhr
www.erlebnisschmiede-knauf.de

RESTAURANTS

HISTORISCHE WASSERMÜHLE
In einem wunderschönen Bauensemble aus Fachwerk und Naturstein ist dieses Restaurant untergebracht. Neben französisch angehauchter saisonaler Küche mit vielen Schmankerln bietet die Wassermühle den Gästen auch Übernachtungsmöglichkeiten mit Countryflair.
Mühlenstr. 1, 54587 Birgel
Tel. 0 65 97/9 28 20
Mo–Mi 17.30–22, Do–Sa 11–22, So 11–20.30 Uhr
www.muehle-birgel.de

LANDGASTHOF SÜNNEN
Neben Schnitzel und deftigen Kartoffelgerichten gibt es hier hausgemachte Pizza, auch im Familienformat. Der angeschlossene Biergarten garantiert schöne Abende in lauen Sommernächten.
Brunnenstr. 3, 54597 Steffeln
Tel. 0 65 93/85 10
Di–Fr ab 11, Sa, So ab 9.30 Uhr
www.gastwirtschaft-suennen.de

ÜBERNACHTUNGEN

VULKANHOTEL
Der familiengeführte Betrieb liegt eingebettet in Wiesen und Wälder nahe den Vulkanseen. Wer etwas für die Gesundheit tun möchte, ist dort gut aufgehoben, denn es gibt regelmäßig Kurse zu Themen wie Fasten sowie ein umfassendes Wellnessangebot und Beautyprogramme.
Hochstr. 7, 54597 Steffeln, Tel. 0 65 93/85 06
www.balance-hotel-eifel.de, €€

KRIMIHOTEL
Eifelkrimis sind weit über regionale Grenzen hinaus bekannt. Kein Wunder also, dass hier auch Deutschlands erstes Krimihotel zu finden ist. Die Gäste können in die Rolle der Ermittler hineinschlüpfen, ob beim Krimidinner oder bei speziellen Führungen, auch die Ausstattung der Zimmer ist auf das Thema abgestimmt. Sogar einen eigenen Escape-Room gibt es.
Am Markt 14, 54576 Hillesheim
Tel. 0 65 93/98 08 96 00, www.krimihotel.de, €

23

FELSENKIRCHE IDAR-OBERSTEIN

49° 42' 20" NORD / 7° 19' 44" OST

MIT VIEL SINN FÜR DRAMATIK scheint sich die Kirche an die steile Felswand zu schmiegen. Erst bei genauerem Hinsehen zeigt sich, dass das Gotteshaus Madonna della Corona gar in den Monte Baldo hineingebaut ist. Wer den Weg hierhin auf sich nimmt, dem öffnet sich ein denkwürdiger Blick auf das Tal der Etsch, die 600 m weiter unten in Richtung Adria strömt. Man kann die Kirche relativ einfach vom oberhalb gelegenen Bergdorf Spiazzi in 20 Minuten über eine autofreie Straße erreichen. Die Mehrheit der Gläubigen aber betrachtet den mühsamen Aufstieg von Brentino im Etschtal als einzig wahre Variante. Die etwa zweistündige Wanderung führt über 600 Höhenmeter und Hunderte von Stufen nach oben.

Ein ähnlicher Anblick bietet sich auch im südlichen Hunsrück. Hier scheint sich die Felsenkirche Idar-Oberstein hoch über der Stadt an einen steilen Berg zu lehnen. Zwar ist diese Kirche deutlich kleiner und das Tal nicht annähernd so tief. Den Wert der Sinneseindrücke schmälert das aber nicht. Zu fesselnd ist der Anblick der kühnen Konstruktion. Der Sage nach baute einer der Herren von Oberstein, der aus Eifersucht seinen Bruder getötet hatte, als Buße hier eine Kapelle mit eigenen Händen in den Felsen. In Wirklichkeit gab es wohl an dieser Stelle bereits eine ältere Befestigungsanlage in einer natürlichen Höhle. Die weithin sichtbare heutige Kirche wurde zwischen 1482 und 1484 errichtet. Innen befinden sich einige sehenswerte mittelalterliche Kunst-

werke, insbesondere ein dreiteiliger Flügelaltar von 1400. Über ihr ragt noch die Ruine der Burg Bosselstein auf.

Anders als das Pendant in Norditalien ist die Felsenkirche von Idar-Oberstein nur von unten zu erreichen – um die 220 Treppenstufen, die zum Eingang führen, kommt man nicht herum. Derzeit muss die bröckelnde Felswand umfangreich gesichert werden, weshalb die Kirche erst ab Mitte 2021 wieder zugänglich sein wird, doch auch der Blick von unten ist beeindruckend. *www.felsenkirche-oberstein.de*

*Rechts: Wallfahrtsort Madonna della Corona,
Veneto, Italien
45° 38′ 58″ Nord / 10° 51′ 24″ Ost*

*Unten: Der Hang zum Fels zeigt sich in Idar-Oberstein
nicht nur in der Felsenkirche. Der Ort war ein Zentrum
der Edelsteingewinnung und des Edelsteinhandels. Die
Tradition der Schmuckproduktion wird bis heute gepflegt.*

RESTAURANTS

KAFFEEHAUS KOLDITZ

»Obersteiner Gerollter« und »Idarer Geschwenkter« sind kulinarische Schwergewichte in der Region. Das Lokal hat sich auf die Wahrung dieses Erbes spezialisiert, hat aber auch Spießbraten-Burger im Angebot. *Hauptstr. 432*
55743 Idar-Oberstein, Tel. 0 67 81/2 80 59
www.das-spiessbratenhaus.de

BAUER'S RESTAURANT

Gehobene Küche mit Betonung regionaler Einflüsse im Rhythmus der Jahreszeiten. Zu den Spezialitäten des Hauses gehört der Hunsrücker Hirschrücken mit Wacholdersauce. Das Restaurant gehört zum nicht weniger etablieren Hotel Moseltor. *Moselstr. 1, 56831 Traben-Trarbach*
Tel. 06 54/65 51, www.moseltor.de

ÜBERNACHTUNGEN

PARKHOTEL IDAR-OBERSTEIN

Angenehmes 4-Sterne-Hotel mit klassisch-modernem Interieur. Wer hier nächtigt, weiß sich zwischen Edelsteinmuseum und Felsenkirchen gut aufgehoben. Das zugehörige Restaurant serviert regionale Spezialitäten. *Hauptstr. 185*
55743 Idar-Oberstein, Tel. 67 81/50 90-0
www.parkhotel-idaroberstein.de, €€

SEEZEITLODGE

Hypermoderne Architektur, eine gelungene Symbiose von Bau und Umgebung, der ungestörte Blick auf den See, Wellness-Einrichtungen und eine avancierte Küche haben dem am Rande des Naturparks Hunsrück-Saarland gelegenen Haus den Ruf beschert, zu den besten Hotels des Landes zu gehören. *Am Bostalsee 1, 66625 Gonnesweiler*
Tel. 0 68 52/8 09 80
seezeitlodge-bostalsee.de, €€€

Im Naturpark Saar-Hunsrück werden abgestorbene Bäume dem Kreislauf der Natur überlassen.

TRABEN-TRARBACH

Steile Hügel prägen das Gesicht von Traben-Trarbach. Allerdings sind diese nicht die Heimat auffälliger Sakralbauten oder werden von dekorativen Burgruinen geziert, sondern sie schmücken sich mit begehrten Rebstöcken: Hier an der Mittelmosel gedeiht vorzüglicher Riesling. Daher war der Ort zu Beginn des 20. Jahrhunderts nach Bordeaux der größte Umschlagplatz für Wein ganz Europas. Was Idar-Oberstein für den Edelsteinhandel war, das war Traben-Trabach für den Weinhandel. Aus dieser Glanzzeit stammen auch die Bauwerke der moselländische Belle Époque, die Traben-Trarbach bis heute einen mondänen Anstrich verleihen.
Tourist Info: Am Bahnhof 5, 56841 Traben-Trarbach
Tel. 0 65 41/8 39 80
Mo–Fr 9–17, Sa 9–13, im Winter 11–15 Uhr, Mi geschl.
www.traben-trarbach.de

gezeigt, aus der das heutige Deutsche Edelsteinmuseum hervorgegangen ist. Die rund 10.000 Exponate werden auf drei Etagen in einer Gründerzeitvilla ausgestellt. Darunter befinden sich viele Funde aus der näheren Umgebung, die gerne als Edelsteinland bezeichnet wird. Der Stadtteil Idar wurde lange Zeit in einem Atemzug mit Antwerpen und Amsterdam genannt, wenn es um die wichtigsten Umschlagplätze von Edelsteinen ging.

Hauptstr. 118, 55743 Idar-Oberstein
Tel. 0 67 81/90 09 80, tgl. 9.30–17.30 Uhr
www.edelsteinmuseum.de

RINGWALL OTZENHAUSEN

Prärömische Siedlungsformen? Auch deren Spuren sind in Deutschland vorhanden. Im Norden des heutigen Saarlandes etwa begannen die Kelten schon im 5. Jahrhundert v. Chr. mit dem Bau einer stadtähnlichen Siedlung, die im 1. Jahrhundert v. Chr. erheblich erweitert wurde. Bis heute erinnern die rund 10 m hohen Mauern eines Ringwalls an eine Epoche, die in der Geschichtsschreibung häufig etwas stiefmütterlich behandelt wird. Der nahe Keltenpark führt in verschiedene Aspekte des Themas ein.

Tourist Info: Ringwallstr. 80
66620 Nonnweiler-Otzenhausen
Tel. 0 68 73/6 60 14
April–Okt. Do–Sa 13–18, So 10–18 Uhr
www.keltenpark-otzenhausen.de

NATURPARK SAAR-HUNSRÜCK

Westlich von Idar-Oberstein breitet sich der lang gezogene Naturpark Saar-Hunsrück aus. Das Gebiet wird eingerahmt von den Weinbergen an Mosel, Saar, Ruwer und Nahe, um im Hunsrück auf 816 m seinen höchsten Punkt zu erreichen. Dazwischen wechseln sich ausgedehnte Waldflächen, artenreiche Wiesen, Hecken in freier Flur sowie Fluss- und Bachtäler ab. Moore und charakteristische Felsformationen runden das touristische Portfolio ab.

Tourist Info: Naturpark Saar-Hunsrück
Trierer Str. 51, 54411 Hermeskeil
Tel. 0 65 03/9 21 40
Mo–Fr 9–12, Mo–Do 14–16 Uhr
www.naturpark.org

BERNKASTEL-KUES

Jahrhundertealte Fachwerkhäuser sind das Erkennungszeichen von Bernkastel-Kues, dessen vier Stadtteile sich an eine Moselschleife schmiegen. Die fotogenen Bauten gruppieren sich um den geschichtsträchtigen Marktplatz und das ehrwürdige Rathaus. Weit oberhalb der Altstadt thront die Ruine der Burg Landshut. Eine einladende Kulisse für die Verkostung regionaltypischer Gaumenfreuden, die in dem anerkannten Heilbad stets mit dem Genuss eines Gläschens Mosel-Riesling einhergehen.

Tourist Info: Gestade 6, 54470 Bernkastel-Kues
Tel. 0 65 31/50 01 90
Mo–Fr 9–17, Sa 10–17, So 10–13 Uhr, www.bernkastel.de

DEUTSCHES EDELSTEINMUSEUM

Neben der Felsenkirche besitzt Idar-Oberstein noch einen weiteren bemerkenswerten Bezug zu Steinen: Im Ortsteil Idar wird bereits seit 1859 eine Sammlung

24

HALSBANDSITTICHE IN WIESBADEN

50° 5' 4" NORD / 8° 15' 6" OST

7.596 KM

WIESBADEN

KOCHI

Links: Im Park hinter Schloss Biebrich, in den Wipfeln der Platanen, sitzen sie besonders gerne, die Halsbandsittiche, und erfüllen den Park mit seinen Teichen und Fantasiebauwerken mit ihrem Geschrei.

Halsbandsittich in Kochi, Kerala, Indien
9° 58′ 3″ Nord / 76° 14′ 33″ Ost

ES RASCHELT IN DEN BAUMKRONEN, grüne Schemen flattern hin und her, versammeln sich auf Ästen, stieben laut krakeelend wieder auseinander und lassen sich auf dem nächsten exotischen Baum nieder. Dazu scheint die Sonne, und üppige Rhododendren stehen in voller Blüte. Wer auf einer Parkbank sitzend für einen Moment die Augen schließt, wird sich vorkommen wie in einem fernen Land, in dem das Krächzen von Papageien ein ganz normales Alltagsgeräusch ist. Indien zum Beispiel, denn im Süden des indischen Subkontinents ist der Halsbandsittich, der hier mit seinen Gefährten über der Parkbank durch die Blätter turnt, eigentlich zu Hause. Nur dass besagte Parkbank eben nicht in Kerala steht, sondern mitten in Wiesbaden! Bereits in den 1960er-Jahren büxten die ersten Halsbandsittiche – übrigens auch Alexandersittiche genannt, da niemand Geringeres als Alexander der Große sie von Asien nach Europa brachte – aus Zoos und Tierhandlungen aus und gründeten fröhlich lärmende Kolonien in den Grünanlagen der sonnenverwöhnten hessischen Hauptstadt. Am meisten angetan haben es ihnen der herrschaftliche Kurpark, der als das grüne Herz von Wiesbaden gilt, sowie der weitläufige Biebricher Schlosspark unweit des Rheinufers. Angesichts der Aussicht auf wunderbare Gründerzeitvillen im einen und das prächtige Barockschloss Biebrich im anderen Fall kann man die Wahl der gefiederten grünen Exoten nur allzu gut verstehen.

KURHAUS

Mit seinem mächtigen Portikus und der 21 m hohen Kuppel ist das Kurhaus eines der prunkvollsten Gebäude von Wiesbaden. 1907 von Kaiser Wilhelm II. eingeweiht, stand es der aufstrebenden Kurstadt, die illustre Gäste aus ganz Europa anzog, bestens zu Gesicht – und tut es noch heute. Zwar wurde das originale Interieur im Zweiten Weltkrieg weitgehend zerstört, doch die zwölf Säle und Salons wurden restauriert und bieten heute eine edle Kulisse für die verschiedensten Events. Einen Besuch wert ist die legendäre Spielbank im Kurhaus, in der schon Fjodor Dostojewski sein Geld verspielte. Die Rasenfläche vor dem Kurhaus, »Bowling Green« genannt, dient häufig als Open-Air-Bühne, sogar Sting und Elton John traten hier auf. Eingerahmt wird das »Bowling Green« von den Kurhauskolonnaden, dem mit 129 m längsten Säulengang Europas.
Kurhausplatz 1, 65189 Wiesbaden

www.wiesbaden.de/microsite/kurhaus
Spielbank Wiesbaden im Kurhaus
So–Do 14.45–3, Fr, Sa und vor Feiertagen bis 4 Uhr
www.spielbank-wiesbaden.de

FRAUENMUSEUM

Das Frauenmuseum liegt ein bisschen versteckt, aber die Suche lohnt sich: In lichten Altbauräumen werden hier Lebenswelten von Frauen thematisiert – in Vergangenheit, Gegenwart und Zukunft, in verschiedenen Gesellschaften und Kulturkreisen. Die Dauerausstellung umfasst eine stolze Anzahl an archäologischen und kulturhistorischen Artefakten, von Skulpturen aus der Steinzeit über Alltagsgegenstände aus vergangenen Jahrhunderten bis hin zu Videomaterial aus den letzten Jahrzehnten. Die Kunstsammlung gibt Einblicke in die Schaffenswelten zeitgenössischer Künstlerinnen. Ein besonderes und ein wichtiges Museum!

RESTAURANTS

GASTWERK DEGENHARDT

Einst beherbergte das Gebäude aus dem Jahr 1906 den ältesten Friseursalon der Stadt – heute findet man hier frische regionale und saisonale Speisen, ein freundliches, entspanntes Servicepersonal und, zumindest im Sommer, wunderschöne Sitzplätze unter den Platanen auf dem Luisenplatz.
Luisenplatz 4, 65185 Wiesbaden
tgl. ab 9 Uhr, www.gastwerk-degenhardt.com

SHERRY & PORT

Überraschung – hier trinkt man ausgezeichnete Sherrys und Portweine! Aber nicht nur: Zahlreiche Biersorten, Gin und Whisky sowie ausgesuchte Weine stehen auf der Karte. Auf die Teller kommen Tapas und spanische Spezialitäten. Bei Sonnenschein sitzt man lauschig draußen am Brunnen, sonst drinnen in gemütlichem Pub-Ambiente – an Wochenenden nicht selten zu Live-Musik. *Adolfsallee 111*
Mo–Fr 12–1, Sa 17–1 Uhr, www.sherry-und-port.de

ÜBERNACHTUNGEN

HOTEL KLEMM

In einem denkmalgeschützten Altbau im Herzen der Stadt liegt dieses charmante, familiengeführte Boutiquehotel. Von den 63 Zimmern in den unterschiedlichsten Größen gleicht keines dem anderen. Jedes hat ein eigenes Design, modern und doch in Harmonie mit dem nostalgischen Flair des Hauses.
Kapellenstr. 9, 65193 Wiesbaden
www.hotel-klemm.de, €€

DAS KLEINE HOTEL

Auch die – nomen est omen – kleinen Zimmer dieses Hotels sind individuell eingerichtet, vorwiegend mit antikem, stilvoll-elegantem Mobiliar. Fast wähnt man sich in der Zeit um die Jahrhundertwende! Die Lage ist zentral, aber sehr ruhig, der Service zuvorkommend und das Frühstück lecker.
Feldstr. 6, 65183 Wiesbaden
www.smallhotel.de, €

Eine der architektonischen Prachtmeilen Wiesbadens ist die Adolfsallee. Aber auch zum Verweilen taugt sie – zum Beispiel vor der Bar Sherry & Port.

Wörthstr. 5, 65185 Wiesbaden
Mi, Do, Sa, So 12–17 Uhr
www.frauenmuseum-wiesbaden.de

DIVA

Etwas abseits des Trubels in der Fußgängerzone findet sich ein kleines Juwel: Das Geschäft »Diva« ist nur wenige Quadratmeter groß, doch die sind spektakulär gefüllt. Jeder mögliche und unmögliche Zentimeter des Raums ist mit kostbaren Seidenschals, bunten Kleidern, ausgefallenen Hüten, üppigen Perlenketten und Ohrringen, Vintage-Täschchen aus Samt, edlen Handschuhen und feinen Kaschmirmänteln bedeckt. Dazu erklingt Jazz aus den 1920er-Jahren, man fühlt sich wie aus der Zeit gefallen. Nimmt man sich ein wenig Zeit oder lässt sich von Inhaberin Elke Peschke beraten, findet man hier ganz sicher einen Schatz.
Grabenstr. 8, 65183 Wiesbaden
Di, Do 17–20, Mi, Fr 12–19, Sa 12–18 Uhr
www.epsdiva.com

HAUS DER SINNE

Im Schloss Freudenberg im Westen der Stadt ist mit dem »Haus der Sinne« ein außergewöhnliches Projekt beheimatet. Der Name ist Programm: In dem rund 100 Stationen umfassenden »Erfahrungsfeld zur Entfaltung der Sinne und des Denkens« kommen die Besucher mit Naturphänomenen wie Gleichgewicht, Schwerkraft, Licht und Finsternis, Klang und Resonanz in Berührung. Man soll sie spüren, riechen, hören, sehen – oder eben nicht sehen: In der hauseigenen Dunkelbar beispielsweise herrscht Finsternis. Ein abwechslungsreiches Veranstaltungsprogramm lädt immer wieder dazu ein, Selbstverständliches auf neue Art wahrzunehmen.
Schloss Freudenberg, Freudenbergstr. 224–226
65201 Wiesbaden
Erfahrungsfeld Schlosspark: Fr–So 12–18 Uhr,
(abweichend in den Schulferien)
Erfahrungsfeld Schloss: nur mit Führung, Di, Do, Sa
telefonisch buchbar unter 06 11/4 11 01 41
www.schlossfreudenberg.de

25

BRUTALISMUS IN FRANKFURT (MAIN)

50° 5' 27" NORD / 8° 41' 25" OST

BRASILIA, WAS FÜR EINE STADT! Komplett durchgestylt, ganz im Sinne der Baukunst, vor allem mit Häusern, in denen Beton dominiert. Egal ob Türme oder Kuppeln: Alles ist aus dieser hellgrauen Masse geformt. Während Brasilia noch immer als Mekka dieser Baukunst der 1950er- bis 1970er-Jahre gilt, muss man gar nicht so weit reisen, um Ähnliches zu finden, denn die Meisterwerke aus Beton finden sich auch in Frankfurt am Main. Ein schönes Beispiel etwa ist das Wohnhaus am Sonnenring, dessen Fassade sich bogenförmig um das Quartier schließt. 300 Wohnungen sind dort 1977 entstanden. Was die einen für eine unmögliche, menschenfeindliche Architektur halten, ist für die anderen ein ausgeklügeltes System mit hohem gestalterischem und sozialem Anspruch. Viele Architekten fordern deswegen schon lange, die Gebäude des Brutalismus differenziert zu betrachten, anstatt sie als Monstrositäten zu verurteilen. Der Name kommt übrigens nicht von »brutal«, sondern vom französischen *béton brut* – »roher« Beton = Sichtbeton.

Nicht umsonst gab es 2017/18 in Frankfurt die Ausstellung »SOS Brutalismus – Rettet die Betonmonster« im dortigen Architekturmuseum. Wer sich auf diesen Baustil einlässt, kann in den Betonklötzen oftmals eine ausgefeilte Formensprache entdecken. Nicht nur am Sonnenring ist das zu erkennen. Ein weiteres Beispiel ist der riesige Hangar V am Flughafen mit seinen trichterförmigen, schlanken Säulen: Die mit 320 m Länge größte Flugzeugwartungshalle der Welt erinnert tatsächlich ein wenig an die Formensprache Oscar Niemeyers in Brasilia. Auch das Union-Investment-Hochhaus, das einem perfekten Jenga-Turm gleicht, gehört dazu, ebenso die wuchtige Zentrale der Deutschen Bundesbank, die Olivetti-Türme Niederrad und das Frankfurter Büro Center.

FRANKFURT

9.168 KM

BRASILIA

Rechts: Architektur in Brasilia, Brasilien
15° 47' 52'' Süd / 47° 52' 12'' West

Unten: Einer der prägendsten brutalistischen Bauten Frankfurts war sicherlich das Technische Rathaus, bis es der Neuinterpretation einer mittelalterlichen Altstadt gewichen ist. Aber es gibt immer noch mehr als genug Beispiele der Siebzigerjahre-Architektur, wie hier das Union-Investment-Gebäude.

Der Vergleich Frankfurt und Ma(i)nhattan ist vielleicht schon ein wenig überstrapaziert. Das ändert aber nichts daran, dass die Skyline von Frankfurt schlicht beeindruckend ist.

GOLDKAMMER

Eher unbekannt unter den Frankfurter Museen ist das Goldmuseum, dabei zählt es vielleicht zu den beeindruckendsten. Hier dreht sich alles um das Edelmetall: Das Haus geht ebenso auf die Geschichte des Goldes ein wie auch auf die Bedeutung als Statussymbol oder einfach als Tauschmittel. Die ausgestellten Artefakte aus verschiedenen Epochen erzählen davon, wie feines Material Menschen immer wieder inspiriert, außergewöhnlich schöne Dinge zu erschaffen.
Kettenhofweg 27, 60325 Frankfurt am Main
Tel. 0 69/8 60 06 82 98, Di–So 11–17 Uhr
www.goldkammer.de

KLEINMARKTHALLE

Gleich in der Nähe des Römers befindet sich der Bauch der Stadt: In der Kleinmarkthalle gibt es fast alles, was Leckermäuler sich nur wünschen können. Obst- und Gemüsestände sorgen für knackig frische Verlockungen, Stände wie Wurst Ilse mit Krakauern oder Gelbwurst gleich auf die Hand sind immer so beliebt, dass sich dort Schlangen bilden. Aber auch Vegetarisches und Veganes sowie Smoothies werden angeboten, ebenso wie Spezialitäten aus den unterschiedlichen Kulturen.
Hasengasse 7, 60311 Frankfurt am Main
Tel. 0 69/21 23 36 96, Mo–Sa 8–18 Uhr
www.kleinmarkthalle.com

MUSEUMSUFER

Museen in Frankfurt gesucht? Auf zum Mainufer! Dort reihen sich gleich 15 Museen aneinander. Neben dem Deutschen Filmmuseum und dem Museum der Weltkulturen sind vor allem das Städel-Museum sowie das Historische Museum interessant. Wer weiter auf den Spuren des Brutalismus wandeln möchte, sollte einen Besuch im Architekturmuseum nicht auslassen.
Frankfurt Tourismus, Römerberg 27, 60311 Frankfurt am Main, Tel. 0 69/21 23 88 00, Mo–Fr 9.30–17.30, Sa, So bis 16 Uhr, www.frankfurt-tourismus.de

ALTE OPER

Jahrhundertelang war sie das kulturelle Zentrum der Stadt, bis sie 1944 bei einem Luftangriff zerstört wurde. Seit 1981 erstrahlt sie im wiederaufgebauten neuen Glanz und lockt nicht nur mit ihrer stilvoll hergerichteten Architektur, sondern vor allem mit ihrem vielfältigen hochkarätigen Programm.
Opernplatz 1, 60313 Frankfurt am Main
Tel. 0 69/13 40-0, www.alteoper.de

MAIN TOWER ZUR BLAUEN STUNDE

Die Skyline von Frankfurt gehört zu den Dingen, die Besucher nicht verpassen sollten. Einer der schönsten Plätze für einen Sundowner mit Blick auf Mainhattan ist der Main Tower. Der 200 m hohe zylindrische Turm, der von einer Glashaut umspannt scheint, ist Frankfurts (und Deutschlands) vierthöchster Wolkenkratzer, seine Aussichtsplattform der höchste Panoramapunkt der Stadt.
Neue Mainzer Str. 52–58, 60311 Frankfurt am Main
tgl. 10–19 Uhr, witterungsbedingt kann es zu Schließungen kommen, www.maintower.de

NEUE ALTSTADT

Wo heute bunte Fachwerkhäuser stehen, thronte einst ein riesiges Betongebäude: Das Technische Rathaus war bis 2009 der zentrale Ort der Stadtverwaltung, aufgrund seiner brutalistischen Bauweise städtebaulich allerdings schon lange umstritten. Die Stadt entschied sich, es abzureißen und auf der Fläche 35 Altstadtbauten zu rekonstruieren. Heute ist das Dom-Römer-Quartier, wie das Viertel auch genannt wird, nicht nur bei Besuchern beliebt, sondern gilt auch bei Einheimischen als warmes Herz der Stadt.

RESTAURANTS

OOSTEN

Moderne Architektur mit Glasfronten und Stahl, vereint mit warmen Holztönen. Während man im Erdgeschoss das Gefühl hat, im prallen Frankfurter Leben zu sitzen, kommt auf den Terrassen des Obergeschosses Urlaubsstimmung auf. Die Küche serviert traditionelle Gerichte, modern interpretiert.
Mayfarthstr. 4, 60314 Frankfurt am Main
Tel. 0 69/94 94 25 68 14, Mo–Fr 17–23,
Sa, So 10–23 Uhr, www.freigut-frankfurt.com

FEUERRÄDCHEN

Apfelwein in traditioneller Umgebung gefällig? Dann nichts wie hin in diese typische Hinterhof-Taverne. Dort im Stadtteil Sachsenhausen gibt es Grüne Soße, Handkäs und einen schönen Biergarten. Die Ausstattung ist stimmungsvoll, und an den Nachbartischen wird gern echtes Hessisch gebabbelt.
Textorstr. 24, 60594 Frankfurt am Main
Tel. 0 69/66 57 59 99, Mo–Do 16–24, Fr–So 11–24 Uhr
www.zum-feuerraedchen.de

ÜBERNACHTUNGEN

THE NIU CHARLY

Puristisches Design muss nicht kühl wirken: Das Hotel bietet stylische Zimmer, die mit kühnen Farbakzenten dekoriert sind. Ganz und gar ausgefallen präsentiert sich die Möblierung der Lobby und der Zimmer. Die Rooftopbar ist ein wunderbarer Platz, um zum Sonnenuntergang noch einen Cocktail zu genießen.
Niddastr. 60–62, 60329 Frankfurt am Main
Tel. 0 69/4 00 50 20 89, the.niu.de, €

HOTEL INTERCONTINENTAL

Das Hotel zählt zu den formgebenden brutalistischen Gebäuden der Stadt, allerdings ist die Fassade nicht aus Sichtbeton, sondern aus Naturstein, der nachgedunkelt ist. Das Intercontinental ist ein typisches Business-Hotel: praktisch, gleichförmig und in verlässlicher Qualität. Besonders schön ist der Blick auf die Skyline der Stadt aus dem Salon im 21. Stock.
Wilhelm-Leuschner-Str. 43
60329 Frankfurt am Main, Tel. 0 69/26 05-0
www.frankfurt.intercontinental.com, €€

26

BURG RABENSTEIN IN FRANKEN

49° 49′ 21″ NORD / 11° 22′ 14″ OST

DAS BRAUEREIEN-NETZWERK der Fränkischen Schweiz ist besonders dicht. Die Region hat es damit sogar ins Guinness-Buch geschafft: Vier Brauereien versorgen die 1500-Seelen-Gemeinde Aufseß mit dem süffigen Gerstensaft – dichter geht's nicht. Glücklicherweise gibt es zwischen den Städten Bamberg, Bayreuth und Erlangen auch ein engmaschiges Netz aus Wander- und Radwegen. Da liegt es nahe, das eine mit dem anderen zu verbinden – Bierwandern heißt der Trendsport Frankens. Bekannt ist die Region außerdem für ihre zahlreichen Burgen und Schlösser. 35 der rund 200 Anlagen sind heute noch bewohnt. Die Burg Rabenstein oberhalb des ruhigen Ailsbachtals steht als Hotel und Restaurant jedem Reisenden offen.

In den Jahren 1175–1200 wurde die spektakulär gelegene Adelsburg knapp unterhalb der Bergkuppe errichtet. Auf dem Gelände befindet sich auch eine Lehr-Falknerei mit über 80 Greifvogelarten.

Rund um das malerische Tal sind die Wälder dicht. Und neblig. Im Morgengrauen aufbrechende Wanderer wähnen sich ob der düsteren Stimmung am Set eines stimmungsvollen Gruselfilms. Allerlei mysteriöse Kreaturen scheinen im Unterholz und in den Höhlen zu lauern. In diesem Licht könnte man die imposante Burg Rabenstein leicht verwechseln: Das Pendant befindet sich im rumänischen Siebenbürgen. Schloss Bran ist ein knappes Jahrhundert jünger, thront aber ebenso erhaben auf einem Bergsporn über dem transsilvanischen Dörfchen Bran. Einst ein ganz normales Schloss, wurde es in der kommunistischen Ära zum Touristenmagnet. Grund dafür war die vermeintliche Ähnlichkeit mit dem von Bram Stoker beschriebenen Wohnsitz des bekanntesten Blutsaugers der Weltliteratur. Aus Schloss Bran wurde das Draculaschloss, aus Transsilvanien das Land der Vampire und Fledermäuse. Letztere würden sich sicherlich auch in den zahlreichen Tropfsteinhöhlen der Fränkischen Schweiz heimisch fühlen. Dracula jedoch müsste sich arrangieren – statt Blut gäb's Bier. Das ist auch leichter zu beschaffen, gerade in Oberfranken.
Führungen Di–So stündl. 11–16 sowie 16.45 Uhr
www.burg-rabenstein.de

*Rechts: Schloss Bran,
Siebenbürgen, Rumänien
45° 30′ 54″ Nord / 25° 22′ 0″ Ost*

*Unten: Graf Dracula haust in Trans-
silvanien, das ist bekannt. Bram Stoker
hätte aber seine Figur durchaus auch
in Franken ansiedeln können: Burg
Rabenstein hätte dem Draculaschloss
Bran in nichts nachgestanden.*

Wie es sich für eine Burg gehört, thront sie über dem Ort. Burg Pottenstein ist in Privatbesitz und der Öffentlichkeit zugänglich, www.burgpottenstein.de.

POTTENSTEINER ERLEBNISMEILE

Pottenstein und sein Ortsteil Tüchersfeld sind an sich schon einen Besuch wert. Das kleine Städtchen lockt mit einer Burg, der 3000 m langen Teufelshöhle mitsamt einem vollständigen Höhlenbärenskelett sowie pittoresken Felsformationen. Einige der 21 Freizeit-angebote der Pottensteiner Erlebnismeile bieten noch etwas mehr Action: Auf dem Skywalk geht es auf schwindelerregende 65 m Höhe, die Sommerrodelbahn sorgt für einen ordentlichen Adrenalinschub, und der Kletterwald bietet auf zwölf Parcours Nervenkitzel für die ganze Familie.
www.pottenstein.de/pottensteiner-erlebnismeile

SOPHIENHÖHLE

Von Rabenstein aus erreicht man zu Fuß in zehn Minu-ten die sagenumwobene Sophienhöhle. In dem 900 m langen unterirdischen Tropfsteinpalast haben sich über Jahrtausende Stalaktiten, Stalagmiten wie der riesige »Millionär« und bis zu 5 m lange Sinterfahnen gebildet.

Samstags kann man bei »Sophie at night« das magische Farbenspiel mit musikalischer Untermalung genießen.
Führungen Di–So 10.30–17 Uhr
»Sophie at night«: Sa 18–20 Uhr

MITTELALTERFEST

Zweimal im Jahr kann man sich auf der Burg Rabenstein auf eine Zeitreise begeben: Gaukler und Bogenschützen geben sich auf dem Mittelaltermarkt die Ehre, Handwer-ker in historischen Kostümen geben Einblick in längst ausgestorbene Berufe, Schaukämpfe und Puppentheater werden dargeboten. Abends gibt es eine Feuershow zu bestaunen.

KLETTER-INFOZENTRUM (KIZ) IN OBERTRUBACH

Eine Begegnungsstätte für Kletterer und solche, die es werden wollen, direkt unterhalb des Blechsteins – ein in der Szene als »Eldorado« bekannter Boulder- und Kletterfelsen mit Schwierigkeitsgraden von 8 bis 11+, schwieriger geht es kaum. Die Region ist eines der anspruchsvollsten Klettergebiete Deutschlands. Das KIZ informiert über Felsen und Routen sowie über die Geschichte des Sports, seine Pioniere und Legenden. Wer nicht gleich den Blechstein erklimmen will, kann sich auf der Kletterburg oder der Boulderwand ausprobieren.

Kletter-Infozentrum Fränkische Schweiz
An der St. 2260 Richtung Egloffstein
91268 Obertrubach, Tel. 0 92 45/98 80
www.kletterinfozentrum.de

FRÄNKISCHER EHRENBIERTRINKER

Die Auszeichnung als »Fränkischer Ehrenbiertrinker« kann man sich auf dem Bierwanderweg in Aufseß verdienen. Auf vier Etappen führt der 14 km lange Rundweg zu den vier ortsansässigen Brauereien. Die reine Gehzeit beträgt 4 Stunden, einplanen sollte man trotzdem einen ganzen Tag. Wer sich an jeder Brauerei seinen Wanderpass abstempeln lässt, erhält am Ende eine Urkunde.

Den Wanderpass erhält man vor Ort in den
Brauereien oder zum Ausdrucken auf
www.aufsess.de/brauereienweg

BAMBERG

Barocke Prachtarchitektur gepaart mit dem Flair des Mittelalters – Bamberg ist durch und durch sehenswert. Die Altstadt wurde bereits 1993 als UNESCO Weltkulturerbe ausgezeichnet und lässt Besucher von längst vergangenen Zeiten träumen. Besonders atmosphärisch sind die Fischersiedlung »Klein Venedig« und der berühmte Bamberger Reiter oben im Dom.

Tourist Info: Geyerswörthstr. 5
96047 Bamberg, Tel. 09 51/29 76–200
www.bamberg.info

RESTAURANTS

GUTSSCHENKE BURG RABENSTEIN

Im Schatten riesiger Bäume kann man hier in Ruhe rasten, an kälteren Tagen lädt das steinerne Kreuzgewölbe zum Speisen ein. Die Karte lässt von Schäfersalat bis Sauerbraten keine Wünsche offen, und auch für die kleinen Raubritter ist gut gesorgt. Für das feudale Dinner öffnet abends das Burgrestaurant.

Rabenstein 33, 95491 Ahorntal
Tel. 0 92 02/9 70 04 40, Gutsschenke und Biergarten:
Di–So 11–18, Burgrestaurant 18–21 Uhr
www.burg-rabenstein.de

BRUCKMAYERS URBRÄU

Die alteingesessene Brauerei punktet mit fränkischen Spezialitäten in historischem Ambiente. Der Frage, welches Bier zu welcher Speise passt, kann man hier bestens nachgehen. Bei gutem Wetter empfiehlt sich der gemütliche Biergarten mit Selbstbedienung.

Nürnberger Str. 10, 91278 Pottenstein
Tel. 0 92 43/70 01 67, Di geschl.
www.urbraeu-pottenstein.de

ÜBERNACHTUNGEN

HÜTTENDORF FRÄNKISCHE SCHWEIZ

Hier wird Minimalismus gelebt: Die acht runden Holzhütten, jede mit eigener Terrasse, bieten trotz ihrer geringen Größe alles, was man zur Selbstversorgung im Urlaub benötigt – aber eben auch nicht mehr. Die richtige Adresse für alle, die vom Leben im Tiny House träumen.

Püttlach 13, 91278 Pottenstein
Tel. 01 52/24 34 62 95
www.huettendorf-fraenkische-schweiz.de, €

PENSION NEUMÜHLE

Wen es nicht in die prächtigen Gemächer der Burg Rabenstein lockt, findet direkt am Fuß der Burg die bodenständige Pension Neumühle. Die Zimmer sind gemütlich, die Wirtsleute freundlich und der Blick auf Rabenstein beeindruckend. Im dazugehörigen Gasthof wird fränkische Küche serviert.

Neumühle 31, 95491 Ahorntal
Tel. 0 92 02/2 28
www.gasthof-pension-neumuehle.de, €

DIE HEILIGEN LEIBER
VON WALDSASSEN

50° 0′ 6″ NORD / 12° 18′ 16″ OST′

GANZ IM NORDEN BAYERNS, einen Steinwurf von der Grenze nach Tschechien, liegt der Ort Waldsassen, dominiert von einem prächtigen Zisterzienserinnen-Kloster – ihm verdankt die Gegend den Namen Stiftland. Immer wieder eröffnen sich dort überraschend Sichtachsen, die den Blick auf das Kloster freigeben. Betritt man die Basilika von Waldsassen, schlägt einem förmlich die barocke Pracht aus dem Dämmerlicht entgegen. Haben sich die Augen an das Licht gewöhnt, nehmen die kunstvollen Verzierungen an den Wänden Kontur an. Neben Putten, goldenen Stuckarbeiten und aufwendigen Schnitzereien erscheinen ringsum Gestalten in prächtigen, edelsteinbesetzten Gewändern. Unweigerlich jagt dem Betrachter ein Schauer über den Rücken, wenn klar wird, dass es sich nicht um Statuen

Oben: Katakombe Santa Domitilla Rom, vorletzte Ruhestätte der Heiligen Leiber, Italien 41° 53′ 31″ Nord / 12° 30′ 41″ Ost

Links: Das Kloster Waldsassen ist berühmt für seine Basilika, die Stiftsbibliothek und natürlich die Heiligen Leiber. Die Schwestern von Waldsassen unterhalten aber auch eine Schule und nehmen Gäste auf.

handelt, sondern um eingekleidete Skelette – die Heiligen Leiber von Waldsassen. Sie stellen eine besondere Form des Reliquienkults dar. Die Nachfrage nach Gebeinen von Heiligen war in der katholischen Welt über Jahrhunderte hinweg enorm. Jede Kirche wollte sich mit einem physischen Stück Heiligkeit schmücken, und so entstand ein reger Austausch zwischen den Gräbern der Heiligen und den jeweiligen Kirchen und Bistümern.

Nach dem Bildersturm der Reformationszeit stieg die Nachfrage nach »neuen« Reliquien sprunghaft an. Daraufhin erließ der Heilige Stuhl, dass frühchristliche Katakomben vor den Toren Roms geöffnet werden und die darin anonym Bestatteten als sogenannte Katakombenheilige über die Alpen gebracht werden durften. Auf diese Weise erreichten zwischen 1688 und 1765 zehn Skelette das Kloster in der Oberpfalz und schmücken seitdem als eindrucksvolles Memento mori die Basilika. Derweil sind die eigentlichen letzten Ruhestätten der Verstorbenen, die Katakomben in Rom, zu schaurig-schönen Sehenswürdigkeiten für Touristenströme geworden. In Waldsassen werden die Heiligen Leiber alljährlich am 1. Augustsonntag mit einem Fest geehrt – seit nunmehr 250 Jahren.

STIFTSBILIOTHEK WALDSASSEN

Die kostbare Ausstattung der Lesesäle der Stiftsbibliothek von Waldsassen findet ihresgleichen nur in der weltberühmten Klosterbibliothek von St. Gallen in der Schweiz. Lebensgroße Figuren (dieses Mal kunstvoll aus Holz geschnitzt), filigrane Porträtbüsten antiker Geistesgrößen, prächtige Deckengemälde und ein wahrer Bücherschatz erwarten den Besucher. Und das obwohl der Buchbestand zu großen Teilen im Zuge der Säkularisation verscherbelt wurde.

Kloster Waldsassen, Di–So 11–16 Uhr, eine Führung ist sehr empfehlenswert, www.abtei-waldsassen.de

HIMMELSLEITER TIRSCHENREUTH

Die nördliche Oberpfalz ist Karpfenland. Fischteich reiht sich an Fischteich und bildet so zusammen mit den angrenzenden Wäldern eine einzigartige Kulturlandschaft. Besonders schön kann man diese Teichpfanne von der Tirschenreuther Himmelsleiter aus bewundern – ein frei zugängliches Bauwerk, das vollkommen unvermittelt aus der Landschaft emporragt. Von oben hat man einen fantastischen Panoramablick auf die Teiche und die Waldnaabaue. Erreichen lässt sich die Leiter zu Fuß oder mit dem Fahrrad über eine stillgelegte Bahntrasse.

Start der Wanderung: Tirschenreuth, Parkplatz Kornbühlstr.

PORZELLANSTRASSE

Die nördliche Oberpfalz ist aber nicht nur Karpfenland, sondern über Jahrhunderte hinweg spielte das Porzellan als weißes Gold eine zentrale Rolle. Hier gab es die nötigen Rohstoffe, und Bavaria-Porzellan kam zu Weltruhm. Arzberg, Seltmann, Rosenthal, Hutschenreuther – sie alle produzierten hier und tun es teilweise noch immer. Die Porzellanstraße führt vom Fichtelgebirge in die Oberpfalz und verbindet die Museen, Produktionsstätten und Werksverkäufe. *www.porzellanstrasse.de*

RESTAURANTS

ZOIGL

Eine echte Oberpfälzer Spezialität ist das Zoigl. Ein süffiges untergäriges Bier, das in Kommunbrauhäusern von Bürgern, die das Braurecht haben, handwerklich hergestellt wird. Reihum wird dann der Zoigl in temporären Wirtsstuben, manchmal auch Wohnzimmern ausgeschenkt. Auf den Tisch kommt Hausmannskost. Wo und wann der nächste Zoigl ist, findet sich unter *www.zoiglbier.de*

BÄCHERS FISCHHOF

Hier kann man gekonnt zubereiteten Karpfen in allen Variationen aus den hauseigenen Fischteichen kosten. Nachhaltiger und regionaler geht es eigentlich gar nicht.
Muckenthal 4, 95676 Wiesau, Tel. 09 34/5 36 Fr, Sa nur in der Karpfensaison Sept.–April, unbedingt reservieren www.baecher-fischhof.de

ÜBERNACHTUNGEN

WOHNEN IM KLOSTER

Komfortable Zimmer, klösterliche Spiritualität und eine herzliche Atmosphäre. Die Zisterzienserinnen sind hervorragende Gastgeberinnen und bieten den Besuchern auch attraktive Arrangements.
Haus St. Joseph, Basilikaplatz 2 95652 Waldsassen Tel. 0 96 32/9 23 88–0 www.abtei-waldsassen.de, €

ARIBO HOTEL ERBENDORF

Komfortables 4-Sterne Haus mit angenehmem Wellnessbereich. Die nautische Architektur ist außergewöhnlich, und die inklusive Philosophie des Hauses wird ganz selbstverständlich gelebt.
Tirschenreuther Str. 28 92681 Erbendorf Tel. 0 96 82/6 83 07–0 www.aribo-hotel.de, €€

Von der Himmelsleiter bei Tirschenreuth bekommt man eine Ahnung davon, wie herausfordernd die Bewirtschaftung der Fischteiche ist und was für eine großartige Landschaft sie formt.

CHEB (EGER)

10 km von Waldsassen, einmal über die Grenze nach Tschechien, liegt Eger. Einst erstreckte sich der Einfluss der Reichsstadt bis nach Oberfranken, weshalb sie ein mächtiger Gegenspieler der Zisterzienseräbte von Waldsassen (die im »Walde saßen«) war. Sozusagen Stiftland versus Egerland. Der herausgeputzte gewaltige Marktplatz von Eger zeugt von der einstigen Macht und dem heutigen Selbstbewusstsein. Im Stadtmuseum kann man das Zimmer besichtigen, in dem Feldherr Albrecht von Wallenstein 1634 gemeuchelt wurde.
Stadtmuseum Eger, Marktplatz Eger
Di–So 9–17 Uhr
www.muzeumcheb.cz

NATURRESERVAT SOOS

Karlovy Vary (Karlsbad) und Mariánské Lázně (Marienbad) sind weithin bekannte Kurorte. Der Dritte im Bunde ist eher etwas für Spezialisten: Františkovy Lázně (Franzensbad), ca 15 km von Waldsassen. Hier gibt es feine Bäderarchitektur mit etwas Patina und vor den Toren des Städtchens eine echte Einzigartigkeit. In Soos tut sich sprichwörtlich die Erde auf. Ein Moor, durchzogen von Bohlenwegen, in dem vulkanische Aktivität, die das Bäderdreieck letztlich auch mit den Mineralwassern versorgt, in blubberndem Schwefelschlamm sichtbar und vor allem riechbar ist.
Kateřina 39, 35134 Skalná
Mitte März–Mitte November, www.flinfo.cz

28

ALTSCHLOSSFELSEN IM PFÄLZERWALD

49° 6' 58" NORD / 7° 33' 36" OST

DIE GESTEINSFORMATIONEN WIRKEN wie versunkene Skulpturen einer vergessenen Hochkultur. Fast wie ein Baumkuchen bestehen sie aus vielen einzelnen Lagen. Ihre Konturen sind perfekt gerundet – und wenn das Licht im richtigen Winkel einfällt, Strahl für Strahl, dann scheint es greifbar wie an kaum einem anderen Ort. Mit diesem Erscheinungsbild hat es der Antelope Canyon im Norden Arizonas zu weltweitem Ruhm gebracht.

Die im Pfälzerwald gelegenen Altschlossfelsen allerdings müssen sich dahinter kaum verstecken: Bis zu 30 m hohe Buntsandsteinformationen stehen hier auf gut 1500 m Länge nebeneinander. Sie bilden fotogene Türme und Überhänge, kleine Höhlen, enge Gänge und natürliche Kamine. Die Farbschattierungen der Gesteinsschichten sind wunderbar fein nuanciert. Wenn dazu noch die Sonne durch eine Lücke einfällt, scheint es, als wollte das Ensemble in direkte Konkurrenz zum viel bestaunten Canyon in den USA treten.

Zugegeben: Es handelt sich bei dem pfälzischen Gegenentwurf nicht um einen Canyon, was aber auch einen nicht unerheblichen Vorteil mit sich bringt. Wenn es nämlich in Nordarizona einmal regnet, dann öffnen sich die Himmelsschleusen ganz gewaltig, und die Wassermassen setzen enorme Kräfte frei. So ist der Skulpturenpark des Antelope Canyon überhaupt erst entstanden. Doch ist die Schlucht so eng, dass bei derartigen Wassereinbrüchen immer wieder Menschen ums Leben gekom-

men sind. Der Besuch ist daher nur im Rahmen einer Führung möglich. Derlei Gefahren sind bei den Altschlossfelsen nicht zu befürchten. Stattdessen laden gut ausgeschilderte Wanderwege zur Erkundung ein. Wer den richtigen Augenblick abpasst, kann Zeuge einer melodramatischen Lightshow werden. Dabei konkurriert das allgemeine Felsenglühen der Dämmerung mit den Effekten einzelner Lichtstrahlen.

Nahe Eppenbrunn, Ausgangspunkt Parkplatz Spießweiher
www.suedwestpfalz-touristik.de

Oberer Antelope Canyon, Page, Arizona, USA
36° 54' 53" Nord / 111° 27' 21" West

PAGE

EPPENBRUNN

8.725 KM

Nicht Arizona, sondern der Altschlossfelsen im Pfälzerwald.

RESTAURANTS

HOTEL RESTAURANT KUNZ
Neudeutsche Wohlfühlküche mit breitem Angebot, in dem Ceviche vom Thunfisch ebenso Platz
hat wie Rehrücken aus der Region. Die Weinkarte
umfasst stolze 480 Positionen, die in einem mit
5500 Flaschen bestückten Weinkeller lagern.
Bottenbacher Str. 74, 66954 Pirmasens-Winzeln
Tel. 0 63 31/87 50, www.hotel-kunz.de

DIE BRASSERIE
Avancierte Küche mit deutlich wahrnehmbarem
Einfluss aus dem Nachbarland. Zusätzlich zu den
Klassikern des Hauses gibt es eine kleine Karte
mit saisonal wechselnden Gerichten, wobei stets
das Produkt im Vordergrund steht.
Landauer Str. 103–105, 66953 Pirmasens
Tel. 0 63 31/7 25 55 44, www.diebrasserie-ps.de

ÜBERNACHTUNGEN

HOTEL KUPPER
Familiär geführtes Hotel am Rande des Luftkurortes
Eppenbrunn. Zum Haus gehören Biergarten, Jagd-
stube und Restaurant. Durch die Nähe zu den At-
traktionen der Region eignet sich der Betrieb gut
als Ausgangspunkt für Wanderungen und Radtou-
ren – ausgeschilderte Wege führen bis ins nahe
Frankreich. *Himbaumstr. 22, 66957 Eppenbrunn*
Tel. 0 63 35/91 30, www.hotelkupper.de, €

KLOSTER HORNBACH
Schlafen in altehrwürdigen Gemäuern: Das 4-Ster-
ne-Hotel ist in einer Benediktinerabtei aus dem
Jahr 1250 untergebracht, deren Ursprünge noch
weiter zurückreichen. Die Ruhe von Kreuzgang,
Kapelle und Remise setzt sich beim Erholungs-
wert der Zimmer fort. *Im Klosterbezirk,*
66500 Hornbach, Tel. 0 63 38/91 01 00
www.kloster-hornbach.de, €€

REICHSBURG TRIFELS

Hoch auf einer Bergkuppe bei Annweiler gelegen, blickt
die Burg Trifels auf eine fast tausendjährige Geschichte
zurück. Während des 12. und 13. Jahrhunderts diente
das weithin sichtbare Bauwerk den salischen und staufi-
schen Herrschern als Reichsburg. Nach einem knackigen
Spaziergang zum Gipfel erwartet Besucher neben den
Spuren der Historie und einem formidablen Rundblick
auch der Duft des Pfälzerwaldes, der von Nadelhölzern
bestimmt wird.
Burg Trifels, 76855 Annweiler, Tel. 0 63 46/84 70
Di–So 10–18 Uhr
www.reichsburg-trifels.de

TEUFELSTISCH HINTERWEIDENTHAL

Wer Sagen mag und Analogien liebt, sollte den Teufels-
tisch bei Hinterweidenthal nicht unbeachtet lassen. Die
14 m hohe Gesteinsformation sieht aus wie ein aufge-
bockter Tisch mit einem großen Fuß, unwirklich und
auch ein bisschen wacklig, in Wahrheit aber durchaus
stabil. Hartnäckige Erosion hat den Buntsandstein zu
einer Naturskulptur geformt, was in früheren Zeiten
Stoff für allerlei Sagen geboten hat. Heute ist der Teufels-
tisch Mittelpunkt eines Erlebnisparks.
Im Handschuhteich 29, 66999 Hinterweidenthal
Tel. 0 63 96/99 32 76
tgl. 10–18 Uhr
www.hinterweidenthal.de

BIOSPHÄRENHAUS FISCHBACH

Der Pfälzerwald geht auf der anderen Seite der französischen Grenze fast nahtlos in die Vogesen über. Das
Biosphärenhaus vermittelt auf vier Etagen nützliches
Wissen über die Bewohner beider Regionen. Auffälligs-
tes Merkmal ist neben der gelungenen Architektur ein
Baumwipfelpfad, der in schwindelerregender Höhe von
12–18 m auf einem 270 m langen Parcours vorbei an
stattlichen Gewächsen führt. Der alles überragende Aussichtsturm bringt es gar auf 40 m Höhe.
Am Königsbruch 1, 66996 Fischbach bei Dahn
Tel. 0 63 93/9 21 00
tgl. 9.30–17 Uhr
www.biosphaerenhaus.de

Die Alte Brücke führt von St. Johann zur Schlosskirche von Altsaarbrücken. Vor gut 100 Jahren wurden die bis dahin selbstständigen Orte mit Malstatt-Burbach zu Saarbrücken zusammengelegt.

ALTSTADT SAARBRÜCKEN

Französisch angehauchte Lebensfreude in einer deutschen Großstadt? Wer danach sucht, dürfte in Saarbrücken gut aufgehoben sein. Das Herz der Kapitale des Saarlands schlägt am St. Johanner Markt, wo Bistros und Restaurants auf Boutiquen treffen. Nicht weniger charmant präsentiert sich die Fröschengasse, ehemals Handwerkerviertel, heute im barocken Stil wiederhergestellt. Ein weiteres Highlight ist das Saarbrücker Stadtschloss mit dem weitläufigen Schlossplatz.
Tourist-Information im Saarbrücker Schloss
Schlossplatz, 66119 Saarbrücken
Tel. 06 81/5 06–60 06
tourismus.saarbruecken.de

HAUENSTEIN

Fußbekleidung ist das große Thema in Hauenstein, seit hier 1886 eine erste Schuhfabrik eröffnet wurde. 1961 gab es sogar 36 solcher Produktionsstätten. Heute ist nur noch eine Fabrik übrig, dafür gibt es ein Schuhmuseum und ein Outlet-Center. Auf dem Hauensteiner Schusterpfad kann man hingegen nichts kaufen, sondern verwendet Schuhe ihrer eigentlichen Bestimmung gemäß. Der 15 km lange Wanderweg wird regelmäßig unter die schönsten Tageswanderungen Deutschlands gewählt.
Tourist-Info Pfälzerwald
Schuhmeile 1, 76846 Hauenstein
Tel. 0 63 92/9 23 33 80
www.urlaubsregion-hauenstein.de

29

HEIDELBERGER ALTSTADT

49° 24' 34" NORD / 8° 41' 41" OST

EIN AFFENPOPO AUS BRONZE heißt die Reisenden willkommen, die sich der Heidelberger Altstadt über die Alte Brücke nähern. Schon im 15. Jahrhundert markierte hier ein »Briggeaff« (Brückenaffe) den Beginn des kurfürstlichen Herrschaftsgebiets. Sein charmanter »Kurpfälzischer Gruß« – er fasste sich mit der Hand ans Hinterteil – machte deutlich, was man innerhalb der Stadtmauern von den Mainzer Bischöfen am gegenüberliegenden Neckarufer hielt. Die heutige Bronzeplastik ist ein Werk des Bildhauers Gernot Rumpf.

Heidelbergs Kirchen lohnen einen Besuch, doch die Altstadt hält vor allem weltliche Freuden bereit. Abseits der autofreien Hauptstraße entdeckt man hinter jeder Ecke individuelle Geschäfte und historische Gasthäuser neben barocken Prachtbauten. Wo einst die großen Dichter und Denker Europas durch die kopfsteingepflasterten Gassen wandelten, spazieren auch heute kluge Köpfe, kreative Geister und Besucher aus aller Welt. Wenn am Abend die Touristengruppen verschwinden, füllen sich die Traditionshäuser und modernen Bars rund um die Heiliggeistkirche.

Am ehemals bischöflichen Ende der Alten Brücke windet sich ein steiler Pfad den Heiligenberg hinauf. Die Luft sollte man sich beim Aufstieg gut einteilen, denn hat man erst einmal den Philosophenweg erreicht, eröffnet sich ein atemberaubender Blick über den Neckar zur Altstadt und zur Schlossruine. Dieses Panorama gilt als Inbegriff der Romantik, schmückte bereits vor 200 Jahren unzählige Porzellantassen und ist gewiss einzigartig, wäre da nicht das kleine Städtchen Béziers im südfranzösischen Okzitanien. Mit 15 Bögen überspannt dort der steinerne Pont Vieux den Fluss Orb von West nach Ost. Der festungsartige Charakter der Kathedrale Saint-Nazaire zeugt von der Macht der Bischöfe vor der Französischen Revolution. Nur einen Affen, den haben sie nicht in Béziers – und wer will sich den schon entgehen lassen? Also, hiergeblieben!

*Rechts: Béziers, Okzitanien, Frankreich
43° 20′ 29″ Nord / 3° 12′ 60″ Ost*

*Unten: Ein Sehnsuchtsort der deutschen
Romantik und in der Regel amerikani-
scher Deutschlandfans ist Heidelberg mit
der Schlossruine. Offensichtlich ist der
Ort aber auch ein Ersatz für alle fernweh-
geplagten Liebhaber Südfrankreichs.*

ALTE BRÜCKE

Acht Vorläufer dieser Brücke wurden seit dem 13. Jahrhundert an dieser Stelle durch Hochwasser und Eis zerstört. Karl Theodor ließ die heutige Version 1788 aus rotem Sandstein erbauen. Darum wurde die Brücke nicht nur nach ihm benannt, es zieren sie auch gleich zwei Statuen des Pfälzer Kurfürsten. Das mittelalterliche Tor beherbergte in einem Turm einen Kerker, im anderen die Wohnung des Brückenwächters. Der Brückenaffe wurde 1979 wieder aufgestellt. Anders als das Original fasst er sich nicht mehr zum Gruß ans Hinterteil.
Karl-Theodor-Brücke, Am Hackteufel, Haltestelle »Alte Brücke«, Bus 34, 35, www.heidelberg-marketing.de

SCHLOSS

Der Grundstein des nach Neuschwanstein meistbesuchten Schlosses Deutschlands wurde Mitte des 13. Jahrhunderts gelegt. Über 500 Jahre lang residierten hier die Pfälzer Kurfürsten. Es wurde mehrfach zerstört und teilweise, wie im Fall des 1693 im Pfälzer Erbfolgekrieg gesprengten Krautturms, bis heute nicht wieder aufgebaut. Im Gewölbe steht das 200.000 Liter fassende Weinfass, auf dem sich eine Tanzfläche befindet. Am Vater-Rhein-Brunnen im öffentlich zugänglichen Schlossgarten soll sich einst schon Goethe erfrischt haben.
Schlosshof 1, Haltestelle »Schloss« mit der Bergbahn oder zu Fuß vom Kornmarkt über ca. 300 Treppenstufen tgl. 8–18 Uhr www.schloss-heidelberg.de/start

HEILIGGEISTKIRCHE

Prominent am Marktplatz gegenüber dem Rathaus steht die imposante Heiliggeistkirche. Bis 1936 trennte im Inneren eine Scheidemauer den protestantischen vom katholischen Bereich, heute ist die Kirche evangelisch. Einst wurde hier die Biblioteca Palatina aufbewahrt, bevor man sie 1632 als Kriegsbeute in den Vatikan brachte. Über 208 Stufen gelangt man auf die Aussichtsplattform des Turmes. Der Aufstieg lohnt sich besonders im Licht der Nachmittagssonne.
Am Marktplatz, 69115 Heidelberg Mo–Sa 11–17, So 12.30–17 Uhr, Fr–So am frühen Abend jeweils kurze Orgel- und Kammerkonzerte

Heidelbergs Hausberg ist der Königstuhl. Hoch geht es entweder nostalgisch mit der Bahn oder sportlich in 45 Min. vom Schloss.

KÖNIGSTUHL

Seit über 100 Jahren fahren die original erhaltenen Waggons der Königstuhlbahn auf den mit 567 m höchsten Gipfel des Kleinen Odenwalds. Das Naherholungsgebiet eröffnet fantastische Aussichten über das Neckartal, die Rheinebene und an klaren Tagen bis ins Elsass. Familien freuen sich über das Märchenparadies und den Walderlebnispfad »Via Naturae«. Zwischen April und Oktober finden in der Falknerei Tinnunculus Vorführungen statt.
Von der Haltestelle »Bergbahn« fährt die Standseilbahn in zwei Abschnitten erst zum Schloss und dann zum Gipfel. Parkmöglichkeiten am Märchenparadies

BRAUHAUS VETTER
Zum frisch gebrauten Bier gibt's bayrische Schmankerl. Gruppen bestellen gerne die »Gaudi am Tisch«-Pfannen für vier bis sechs Personen.
Steingasse 9, 69117 Heidelberg
So–Do 11.30–24, Fr, Sa 11.30–2 Uhr
www.brauhaus-vetter.de

CAFÉ SCHILLER'S
Nicht ganz so alt wie das nahe Café Knösel, aber genauso köstlich. Es gibt hausgemachte Kuchen, Kaffee von der Heidelberger Rösterei Janssen und immer ein offenes Ohr für die Wünsche der Gäste. *Heiliggeiststr. 5, 69117 Heidelberg*
Mi–Mo 12–18 Uhr

ÜBERNACHTUNGEN

STADTHOTEL ZUR ALTEN BRÜCKE
Früher wohnten, speisten und lernten hier die Studierenden der Stadt. Dieses Flair sollte erhalten werden, darum heißen die Zimmer »Klausur«, »Prädikat« oder »Summa cum laude«. Verlässt man das Hotel, steht man schon so gut wie auf der Brücke.
Obere Neckarstr. 2, 69117 Heidelberg
Tel. 0 62 21/73 91 30
www.hotel-zur-alten-bruecke.de, €€

BERGHEIM 41
Dieses junge, designorientierte Stadthotel war früher mal ein Hallenbad. Es liegt wenige Meter vom Bismarckplatz entfernt und überzeugt mit seiner gemütlichen Dachterrasse. Das Frühstück und vor allem der Kaffee sind bei Heidelbergern sehr beliebt.
Bergheimer Str. 41, 69115 Heidelberg
Tel. 0 62 21/75 00 40
www.bergheim41.de, €€

PHILOSOPHENWEG

Ein gängiges Missverständnis: Der beliebte Weg erhielt seinen Namen nicht aufgrund bekannter Spaziergänger in steifen Gehröcken, wie Eichendorff und Hölderlin. Er ist vielmehr den Studenten der Stadt gewidmet, die 1837 vor dem Fachstudium ein Grundstudium der Philosophie absolvieren mussten. Die jungen Philosophen lustwandelten bei mildem Klima, das hier sogar Granatäpfel prachtvoll gedeihen lässt, von einer Aussichtsplattform zur nächsten. Erklimmt man den Gipfel des Heiligenbergs, passiert man das Stephanskloster, die Michaelsbasilika und die von den Nazis erbaute Thingstätte, ein großes Amphitheater mitten im Wald.
Zugang über die Bergstr. in Neuenheim oder den Schlangenweg gegenüber der Alten Brücke

ZU DEN EIGENARTEN EINER MODE gehört es, dass sie urplötzlich da ist. Warum, kann in der Regel niemand genau erklären. So war es auch mit dem maurischen Baustil – im Europa des 19. Jahrhunderts durchweg en vogue. Bestimmt spielten seine Exotik, seine Filigranität und Detailverliebtheit ebenso eine Rolle wie die hervorragende Eignung für Repräsentationszwecke. König Wilhelm I. von Württemberg jedenfalls gefiel dieser Stil so sehr, dass er seine Bauherren beauftragte, ein maurisches Badehaus zu errichten. Im Park seines Stuttgarter Schlosses Rosenstein war man nämlich auf Mineralquellen gestoßen. Mit der Zeit erwuchs aus dem Badehaus eine ganze maurische Anlage mit Festsälen, Orangerie, Gewächshäusern und Gartenanlagen. 35 Jahre wurde an dem Park gebaut bis zu Wilhelms Tod 1864. Sein Sohn Karl machte die »Wilhelma« der Öffentlichkeit zugänglich, und die Bürger konnten sich an der Pracht der »Alhambra am Neckar« erfreuen. Denn die Wilhelma sollte natürlich ein Zitat auf das Paradebeispiel maurischer Baukunst in Granada sein.

Heute ist das Areal einer der wichtigsten Zoos Deutschlands. Die Programme für die Aufzucht von Primaten beispielsweise sind von internationalem Rang. Vor allem sind es aber die geschwungenen Wege, liebevoll angelegten Teiche und Terrassen, die historischen Gebäude zwischen exotischen Gewächsen und der Hain aus Mammutbäumen, der die Menschen verzaubert.

Denn der König hatte neben dem maurischen Stil auch ein Faible für die stattlichen »Wellingtonia gigantea«. So viele Mammutbaumsetzlinge wurde in der Wilhelma gezogen, dass sie über ganz Württemberg verteilt und gepflanzt wurden. 130 Exemplare der »Wilhelma-Saat« recken sich heute noch hoch in den Himmel.
www.wilhelma.de

STUTTGART

1.655 KM

GRANADA

Rechts: Alhambra, Granada, Spanien
37° 10′ 35″ Nord / 3° 35′ 17″ Ost

*Unten: Ein erstaunliches Sortiment an
Seerosen sprießt aus dem Teich vor dem
Maurischen Festsaal und macht die
Wilhelma nicht nur zu einem zoologi-
schen Garten, sondern auch zu einem
gartenbaulichen Gesamtkunstwerk.*

Wenn Stuttgart eins im Überfluss hat, dann wunderbare Aussichtspunkte über den Talkessel und die Hänge der Stadt. Zum Beispiel vom Weißenburger Park und dem Teehaus aus.

MINARALBRUNNEN BAD CANNSTATT

Bad Cannstatt liegt jenseits des Neckars und ist deutlich älter als Stuttgart, denn schon die Römer haben sich an den Mineralquellen erfreut, die aus dem Cannstätter Boden sprudeln. Zum Stadtbild gehört es, dass Menschen mit Kanistern durch die Straßen laufen, auf dem Weg zum nächsten Brünnle. Zwölf Trinkbrunnen gibt es; die Geschmacksrichtungen reichen von »Eisen-Note« bis zu »leicht geschwefelt«. Die attestierten heilenden Effekte variieren entsprechend. Und sogar künstlerisch entfalten die Brunnen Wirkung: Den Erbsenbrunnen etwa ziert eine Knabengestalt von Fritz von Graevenitz, für die einst Richard von Weizsäcker Modell gesessen haben soll – der spätere Bundespräsident war der Neffe des Künstlers.
Marktstr. 33, 70372 Stuttgart

TEEHAUS

Stuttgarts Lage in einem Talkessel macht die Luft unten mitunter stickig, aber von den Hängen hat man fantastische Ausblicke über die Stadt. Besonders schön ist es vom Teehaus im Weißenburger Park aus. Hier hat Seifenfabrikant und Mäzen Sieglin seiner Frau einen ganz bezaubernden Park anlegen lassen, und man liegt bestimmt nicht falsch, wenn man ihm einen leichten Hang zur Prunksucht unterstellt. Besondere Zierden den Parks sind ein Marmorsaal, auf dessen Dach ein kleiner Tennisplatz angelegt war, und ein Pavillon für die Teekränzchen von Alice Sieglin – das heutige Teehaus. Dort kann man sich mit Erfrischungen eindecken und sich im Park einen Platz mit herrlicher Aussicht auf Heslach und die Karlshöhe bis nach Cannstatt suchen.
Hohenheimer Strasse 119, 70184 Stuttgart
www.teehaus-stuttgart.de

STAATSGALERIE STUTTGART

Der postmoderne Neubau von James Stirling ist mittlerweile eine Architekturikone. Das Museum beherbergt neben den grandiosen üblichen Verdächtigen der internationalen Kunstwelt wirklich einzigartige Schätze: die Sammlung von Werken Oskar Schlemmers beispielsweise, allen voran seine Kostüme für das »Triardische Ballett«. Von erfrischender Selbstironie der Kuratoren zeugt ein Exponat von Dieter Roth: »GFW Hegel, Werke in 20 Bänden, 1974, Suhrkamp Taschenbuchausgabe zerkleinert, mit Gewürzen und Schmalz angereichert in Wurstdärmen an Holzgestell«. Da baumeln nun die Werke Hegels, einer der großen Söhne der Stadt, geschreddert und in Wurstpelle gepresst, fein säuberlich nebeneinander, wie in einer Metzgerei – für die Konservatoren sind die Literaturwürste wegen der speziellen Rezeptur eine echte Herausforderung.

Konrad-Adenauer-Str. 30–32, 70173 Stuttgart
Di–So 10–17 Uhr
www.staatsgalerie.de

WEISSENHOFSIEDLUNG

Den Stuttgartern scheint eine gewisse Neigung zu experimentellen Bauprojekten innezuwohnen. Und damit ist nicht die viel diskutierte Tieferlegung des Bahnhofs gemeint. Wirklich Avantgardistisches wurde 1927 vom Deutschen Werkbund unter der Leitung von Mies van der Rohe geschaffen – übrigens war die Diskussion über Sinn und Unsinn des Bauprojekts damals fast ebenso emotional wie diejenige, die heute um den Umbau des Hauptbahnhofs geführt wird. Es entstand eine Bauhaus-Mustersiedlung. Gropius, Taut, Behrens, Le Corbusier – sie alle haben sich hier architektonisch austoben dürfen. Große Teile sind erhalten, und

ein gut ausgestattetes Museum bringt Besuchern die Entwürfe und Gebäude nahe.

Rathenaustr. 1, 70191 Stuttgart
Tel. 07 11/2 57 91 87
www.weissenhofmuseum.de

STADTBIBLIOTHEK

Auf dem Areal der frei werdenden Gleisflächen im Zuge des Stuttgarter Bahnhofumbaus entstand als erstes Gebäude die Stadtbibliothek am Mailänder Platz – wuchtig, kubisch, beeindruckend, aber nicht gerade einladend. Mittlerweile ist sie ein wenig eingekeilt zwischen all den Neubauten, die aus der früheren Brache emporschießen, was das Innere der Bibliothek freilich nicht beeinflusst. Und das ist grandios: eine lichte, klare Kathedrale, offen und großzügig. Entworfen hat diesen Bücherpalast der Südkoreaner Eun Young Yi.

Mailänder Platz 1, 70173 Stuttgart
Mo–Sa 9–21 Uhr
www.stuttgart.de/stadtbibliothek

RESTAURANTS

WIELANDSHÖHE

Vincent Klink ist der Nestor der schwäbischen Haute Cuisine. Ungewöhnliche Geschmackskombinationen interessieren ihn nicht – es geht um das Echte und Gute. Unbedingt solle man der Versuchung widerstehen, bei einer Reservierung nach einem Fensterplatz zu fragen, um Aussicht über die Stadt zu genießen. Die Leute sollen wegen des Essens kommen, nicht um aus dem Fenster zu schauen!

Alte Weinsteige 71, 70597 Stuttgart
Tel. 07 11/6 40 88 48, www.wielandshoehe.de

WEINHALLE 1896 – MURRHARDTER HOF

Im lebendigen Heusteigviertel am Wilhelmsplatz liegt diese Stuttgarter Institution. Seyda Geray serviert schwäbische Gerichte auf hohem Niveau.

Wilhelmsplatz 6, 70182 Stuttgart
Tel. 07 11/79 47 75 92, www.weinhalle1896.de

ÜBERNACHTUNGEN

ZAUBERLEHRLING

Schickes Designhotel mit vollkommen unterschiedlichen, individuell gestalteten Zimmern in attraktiver Innenstadtlage. Die Küche des Restaurants ist weithin berühmt. Eine Kochschule gehört zum Gesamtkonzept.

Rosenstrasse 38, 70182 Stuttgart
Tel. 07 11/23 77 77-0
www.zauberlehrling.de, €€€

KREHLS LINDE

Das familiengeführte Hotel und Restaurant liegt in Bad Cannstatt. Liebevoll eingerichtet, tolle Küche, ganz in der Nähe des Kurparks. Der nächste Mineralbrunnen ist ebenfalls in Reichweite.

Obere Waiblinger Str. 113, 70374 Stuttgart
Tel. 07 11/52 04 90-0
www.krehl-gastronomie.de, €€

31

ALTSTADT VON NÖRDLINGEN

48° 51′ 4″ NORD / 10° 29′ 19″ OST

»DIE SCHÖNSTEN ECKEN SIND RUND!« Einen passenderen Slogan hätte sich die Gemeinde Nördlingen im bayerischen Teil Schwabens kaum ausdenken können. Sie liegt ungefähr in der Mitte der Romantischen Straße, die von Würzburg bis Füssen führt, und kann mit einer prachtvollen Altstadt voller Häuser aus dem Mittelalter und der Renaissance aufwarten. Das wahre Highlight liegt aber am Rand der Altstadt. Genauer gesagt, es umrundet sie, denn Nördlingen besitzt die einzige Stadtmau-

er Deutschlands, die einen vollständig erhaltenen und begehbaren Wehrgang besitzt. Sie wurde ab 1327 auf Befehl Kaiser Ludwigs der Bayer erbaut, bekam 5 Tore, 12 Türme und eine Bastei und formt auf 2,7 km Länge einen nahezu perfekten Kreis um den historischen Stadtkern.

Nimmt man es ganz genau, so ist Nördlingen sogar von zwei Kreisen umgeben. Vor etwa 15 Millionen Jahren schlug ein Meteorit in die Schwäbische Alb ein. Er hinterließ einen enormen Krater, das Ries, dessen Rand heute noch an den bis zu 150 m hohen Hügeln zu erkennen ist.

Berühmt für ihre Doppelmauer ist auch die Cité de Carcassonne. Eindrucksvoll thront die mittelalterliche Festung auf einem Hügel über der heutigen Stadt Carcassonne im südfranzösischen Languedoc. Mit den runden Türmen, den auffallenden Zinnen und den imposanten Toren wirkt das Château Comtal am westlichen Rand der Altstadt wie eine Blaupause für die ideale Mittelalterburg. Nicht nur die Macher des Brettspiel-Klassikers wurden hier fündig, auch Walt Disney soll sich Inspiration für sein Dornröschenschloss geholt haben.

Eines aber hat Nördlingen, was Carcassonne nicht bieten kann: den Youtube-Star »Wendelstein«. Die Katzendame geht seit über 10 Jahren im Daniel, dem 90 m hohen Glockenturm der Kirche St. Georg, ein und aus. Mittlerweile ist sie offiziell Angestellte der Stadt – ohne Gehalt, aber bei freier Kost und Logis – und verjagt die Tauben vom Turm. Und streicheln lässt sie sich auch.

NÖRDLINGEN

887 KM

CARCASONNE

*Rechts: Cité de Carcassonne,
Okzitanien, Frankreich
43° 12′ 47″ Nord / 2° 21′ 7″ Ost*

*Unten: Wie es sich wohl angefühlt haben
muss, innerhalb einer dicken Befestigungsanlage zu leben? Antwort können
die Nördlinger ebenso geben wie die
Bewohner von Carcassonne.*

Die Städte Nördlingen und Augsburg lassen sich gut zu einer kleinen Reise verbinden. Zuerst über die Nördlinger Stadtmauer und dann die Kanäle von Augsburg entlang.

GEOPARK RIES

Etwa 700 km Durchmesser soll der Meteorit gehabt haben, der vor 15 Millionen Jahren dort einschlug, wo heute die Schwäbische Alb ist. Auf zahlreichen Lehrpfaden kann man die geologischen Besonderheiten des Geoparks erkunden. Wer tiefer in die Materie einsteigen möchte, ist im RiesKraterMuseum an der richtigen Adresse: Es informiert über die Entstehung von Einschlagkratern allgemein sowie des Ries-Kraters im Speziellen.
Geopark Infozentrum Nördlingen
Eugene-Shoemaker-Platz 3

Tel. 0 90 81/27 38 22-0, Di–So 10–16.30 Uhr
RiesKraterMuseum: Eugene-Shoemaker-Platz 1
April–Nov. Di–So 10–16.30,
sonst 10–12 und 13.30–16.30 Uhr
www.rieskrater-museum.de

STADTMAUERSPAZIERGANG

Der Zugang auf den Wehrgang der Stadtmauer ist jederzeit kostenfrei über die Aufgänge an den Toren möglich. Wer möchte, umrundet die ganze Stadt einmal und genießt die wunderbaren Ausblicke, etwa über das Gerberviertel und den historischen Marktplatz. Das Stadtmau-

ermuseum, untergebracht im Löpsinger Torturm, ist vor allem für Fans mittelalterlicher Waffen interessant.
Museum im Löpsinger Turm
April–Okt. Di–So 10–16.30 Uhr

ST. GEORG

Inmitten der Altstadt erhebt sich imposant die Pfarrkirche St. Georg. Das gotische Wahrzeichen Nördlingens wurde im 15. Jahrhundert erbaut. Über 350 Stufen kann man den 90 m hohen »Daniel«, den Kirchturm, erklimmen und den Blick über die Gemeinde und das Nördlinger Ries schweifen lassen. Katzenfreunde haben eine Dose Futter für »Wendelstein« im Gepäck. Vom Daniel erklingt auch zwischen 22 und 24 Uhr jede halbe Stunde der Wächterruf des diensthabenden Türmers.
St.-Georgs-Kirche, April–Okt. tgl. 10–18, Nov.–März bis 16 Uhr, Führungen Mai–Sept. Mo–Fr 11 Uhr

HARBURG

Ein Flickenteppich der Baustile ist die über der gleichnamigen Gemeinde gelegene Harburg. Auf dem Areal finden sich Bauten aus der Zeit der Romanik, Gotik, Renaissance sowie des Barock. Einst Wohnsitz der Fürsten zu Oettingen, trotzte sie zahlreichen Belagerungen, Schlachten und Kriegen. Wie Nördlingen ist die Harburg eine Station der Romantischen Straße.
Burgstr. 1, 86655 Harburg, März–Nov. tgl. 10–17 Uhr, Führungen stündlich, www.burg-harburg.de

AUGSBURG

Überall Brücken: Mehr als 530 große und kleinere Exemplare gibt es in Augsburg – und damit mehr als in Venedig! Das Wassermanagement brachte der Stadt über die Jahrhunderte hinweg Wohlstand und 2019 schließlich den Eintrag als UNESCO-Welterbe. Für die Fuggerei, die älteste Sozialsiedlung der Welt, ist Augsburg weithin bekannt. Ein weiteres Highlight der Stadt kennt fast jedes Kind: Die Puppenkiste ist im denkmalgeschützten Heilig-Geist-Spital untergebracht.
Tourist Info: Rathausplatz 1
Tel. 08 21/50 20 70, Mo–Fr 8.30–17.30, (Nov.–März 9–17), Sa 10–17, So, Fei 10–15 Uhr
www.augsburg-tourismus.de

RESTAURANTS

MEYERS KELLER

Maultaschen, Krautwickel und Zwiebelrostbraten vom Sternekoch gibt es nur in Nördlingen. Jockl Kaiser führt sein seit 2009 durchgängig mit einem Michelin-Stern ausgezeichnetes Restaurant eher unkonventionell. Serviert wird eine engagierte Regionalküche, gekocht wird nach altem Handwerk.
Marienhöhe 8, 86720 Nördlingen
Tel. 0 90 81/44 93, Mi 18–22,
Do–So 12–14 und 18–22 Uhr, www.jockl-kaiser.de

SENSO DEL GUSTO

Das Ambiente ist sehr einfach gehalten, doch das vergisst man beim Anblick der Pizza ganz schnell. Für viele Nördlinger gibt es hier die beste der ganzen Region – und mit unschlagbarem Preis-Leistungs-Verhältnis. *Am Stänglesbrunnen 2*
86720 Nördlingen, Tel. 0 90 81/2 50 56 99
Do–So 17–21 Uhr, www.sensodelgusto.de

ÜBERNACHTUNGEN

2ND HOME

Organische Oberflächen aus naturbelassenem Holz und Leder, Kontraste aus modernem Beton und elegantem Stahl verleihen dem Hotel ein besonderes Design. Das Restaurant setzt auf regionale und saisonale Küche.
Luntenbuck 9, 86720 Nördlingen
Tel. 0 90 81/2 72 93 30, www.2ndhomehotel.de, €

NH KLÖSTERLE

Auf der einen Seite ein Kloster aus dem 12. Jahrhundert, auf der anderen ein modernes 4-Sterne-Hotel. Innerhalb der Stadtmauern gelegen, bietet sich das Klösterle als Ausgangspunkt für eine Erkundungstour an.
Beim Klösterle 1, 86720 Nördlingen
Tel. 0 90 81/8 70 80, www.nh-hotels.de, €€

32

REGENSBURGER GESCHLECHTERTÜRME

49° 0' 54" NORD / 12° 6' 6" OST

EINE SKYLINE IM MITTELALTER? Nun, genau das wird der toskanischen Kleinstadt San Gimignano attestiert. Tatsächlich begannen wohlhabende Patrizierfamilien schon im 13. Jahrhundert damit, sogenannte Geschlechtertürme zu errichten. Diese dienten als Ausdruck ihres Wohlstandes, wofür die Architekten bis an die Grenzen des damals Möglichen gingen. Insgesamt 72 Türme mit quadratischem Grundriss ragten im Spätmittelalter bis zu 54 m hoch in den Himmel.

Dies inspiriert so manchen Beobachter der Gegenwart zu einem Vergleich mit Manhattan, denn noch heute erinnern die 15 erhaltenen mittelalterlichen Wolkenkratzer an die frühe Blütezeit des Vertikalbaus. Treffender allerdings ist die Analogie zu Regensburg. Durch den regen Handel mit Italien übernahmen hier einflussreiche Bürger den Brauch, ihren Reichtum durch repräsentative Bauten zur Schau zu stellen. So entstand im 13. Jahrhun-

Geschlechtertürme von San Gimignano, Toskana, Italien
43° 28' 26" Nord / 11° 1' 47" Ost

REGENSBURG

622 KM

SAN GIMIGNANO

dert auch an der Donau eine Stadtsilhouette, aus der damals zwei Dutzend Türme hervorragten. Ein Phänomen übrigens, das auch in Nürnberg oder Konstanz zu beobachten war.

Nur in Regensburg allerdings hat ein Großteil der Geschlechtertürme die Jahrhunderte überdauert. Bis heute bereichern zwölf dieser einstigen Statussymbole die Innenstadt. Die meisten befinden sich in Privatbesitz, wobei sie weiterhin ihre einstmals zugedachte Funktion als repräsentativen Bau erfüllen. Das bekannteste Exemplar ist zweifelsohne der Goldene Turm von 1260, der seinen Namen einer Gaststätte aus dem 17. Jahrhundert verdankt. Hierfür hat sich die Geschichte eine hübsche Pointe ausgedacht, denn das 50 m hohe Schmuckstück dient heute keineswegs dem Geldadel. Viel mehr befindet sich seit 1985 ein Studentenwohnheim darin. Schöner kann man den Wandel einer Gesellschaft vom Elitären zum Egalitären wohl kaum illustrieren.

Unten: Am Zusammenfluss von Donau, Naab und Regen ist die Altstadt von Regensburg über die Jahrhunderte gewachsen und hat es einst zu formidablem Reichtum gebracht, allen voran die Postkutschenmonopolisten der Familie Thurn und Taxis. Die Kaufmannsstadt ist heute studentisch geprägt – und ziemlich oft von Nebel, der sich die Flüsse entlangschiebt.

Vom Biergarten »Alte Linde« aus kann man die imposante Altstadtsilhouette auf sich wirken lassen.

DONAUINSELN

Die Donau erhält auf dem Stadtgebiet von Regensburg Zuwachs vom Fluss Regen. Kurz vor dem Zusammenfluss hat der Strom die Herausbildung zweier Inseln gestattet. Die eine trägt den Namen Stadtamhof, die andere ist in den Unteren und Oberen Wöhrd unterteilt. Gemeinsam bilden sie einen der reizvollsten Teile Regensburgs – nicht zuletzt wegen der Biergärten »Oma in da Antn« und »Alte Linde«, die einen wunderbaren Blick auf die Altstadt erlauben.

Oma in da Antn
Badstr. 32, 93059 Regensburg
Tel. 09 41/20 90 94 00, oma-plüsch.de
Alte Linde
Müllerstr. 1, 93059 Regensburg
Tel. 09 41/8 80 80
www.altelinde-regensburg.de

RESTAURANTS

WURSTKUCHL

Das rustikale Restaurant beansprucht für sich den Ehrentitel des weltweit ältesten Wurstlokals. Direkt neben der Steinernen Brücke werden diese seit mehr als 500 Jahren über dem offenen Holzkohlengrill zubereitet. Dazu gibt es köstlichen Senf aus eigener Produktion.
Thundorferstr. 3, 93047 Regensburg
Tel. 09 41/46 62 10
www.wurstkuchl.de

STORSTAD

Wenn es etwas Besonderes sein soll: Dieses Lokal hat sich auf moderne skandinavische Küche spezialisiert (der Name bedeutet auf Schwedisch »Großstadt«). Es befindet sich im fünften Stock einer mittelalterlichen Patrizierburg und gewährt freien Blick auf die mittelalterliche Silhouette der Stadt.
Watmarkt 5, 93047 Regensburg
Tel. 09 41/59 99 30 00
www.storstad.de

ÜBERNACHTUNGEN

HOTEL LUIS

Raues Vintage-Design trifft in diesem altehrwürdigen Gasthof auf traditionelle Gemütlichkeit. Die 38 Zimmer sind betont urban eingerichtet, zur Altstadt sind es zu Fuß fünf Minuten. Zum Hotel gehört außerdem eine Dependance mit Apartments.
Landshuter Str. 24
93047 Regensburg
Tel. 09 41/5 67 49 38
www.hotel-luis.de

HOTEL ROTE 19

Modernes Boutiquehotel in historischen Gemäuern am Rande der Innenstadt. Das 2017 eröffnete Haus verfügt über sechs individuell gestaltete Zimmer, deren Einrichtung sachlich und verspielt zugleich ist. Als kleine Besonderheit überrascht das Hotel mit einem eigenen Brunnen.
Obermünsterstr. 19, 93047 Regensburg
Tel. 09 41/46 18 56 72
www.hotel-rote19.de

DOM ST. PETER

Gegen die 105 m hohen Türme des Sakralbaus wirken die Geschlechtertürme fast ein wenig mickrig. Daher ist der Status des Doms als Mittelpunkt der Stadtsilhouette unumstritten. Mit dem Bau wurde 1275 im gotischen Stil begonnen, 175 Jahre später konnte die erste Messe darin gelesen werden. Bis heute ist der Dom nicht nur die spirituelle Heimat des Bistums Regensburg, sondern auch Wirkungsstätte der Regensburger Domspatzen. Der Chor zeichnet seit mehr als 1000 Jahren für die liturgische Gestaltung des Gottesdienstes verantwortlich.
Domplatz 1, 93047 Regensburg
tgl. 6.30–19, Nov.–März bis 17,
April, Mai, Sept. bis 18 Uhr
www.bistum-regensburg.de

SCHNUPFTABAKFABRIK

Regensburg war nicht nur im Mittelalter eine prosperierende Stadt. Dies beweist ein Blick in das Firmengebäude der Schnupftabakfabrik Bernard. Dabei handelt es sich um das sogenannte Zanthaus und das angrenzende Ingolstetter Haus. Beides sind Patrizierbauten in bester Wohnlage, die zu Beginn des 19. Jahrhunderts kurzerhand zur Produktionsstätte umgemodelt wurden. Ein Teil der Räumlichkeiten dient heute als Museum, in dem es noch immer nach der einst hergestellten Ware duftet.
document Schnupftabakfabrik
Gesandtenstr. 5, 93047 Regensburg
Führungen Fr, Sa, So 14.30 Uhr
(Karten im Café Anna), www.regensburg.de

STEINERNE BRÜCKE

Die Regensburger Architekten des Mittelalters beherrschten neben dem Vertikalbau auch den Brückenschlag. So gilt die Steinerne Brücke über die Donau seit ihrer Fertigstellung im Jahr 1146 als Meisterwerk der Baukunst. Weil die 336 m lange Brücke lange Zeit die einzige Flussquerung zwischen Ulm und Wien war, kam ihr zudem eine immense wirtschaftliche Bedeutung zu. Die Konstruktion mit ihren steinernen Rundbögen gilt dabei als eines von vielen Argumenten, welche die UNESCO dazu bewogen hat, der Altstadt von Regensburg den Status eines Weltkulturerbes zu verleihen.

Die Regensburger Domspatzen genießen als Knabenchor Weltruhm. Ihnen während einer Messe zu lauschen ist ein einmaliges Erlebnis.

BENEDIKTINERABTEI WELTENBURG

Etwas mehr als 40 km donauaufwärts buhlt in beispiellos bezaubernder Lage die Benediktinerabtei Weltenburg um Aufmerksamkeit. Es befindet sich auf einer Landzunge, die an drei Seiten vom Fluss umgeben ist. Das geschichtsträchtige Kloster ist mehr als 1000 Jahre alt, und während all dieser Jahre konnten sich die Bewohner am Anblick des sogenannten Donaudurchbruchs erfreuen, der von bis zu 80 m hohen Felsen eingerahmt wird. Bis heute bewohnen Mönche die Anlage und betreiben unter anderem ein Gästehaus und eine Klosterschänke.
Asamstr. 32, 93309 Kelheim-Weltenburg
Tel. 0 94 41/6 75 70
www.kloster-weltenburg.de

33

STOCHERKÄHNE IN TÜBINGEN

48° 31' 18" NORD / 9° 3' 27" OST

DENKT MAN AN DEN INBEGRIFF einer Universität, dann erscheinen recht schnell die Bilder altehrwürdiger Bauten mit prächtigen klassizistischen Fassaden vor dem inneren Auge. Wahrscheinlich ist man geistig in England gelandet und wohlmöglich gar in Cambridge: renommierte Colleges mit lauschigen Höfen, in denen zukunftsgewisse Studierende mit dem Wissen dieser Welt befüllt werden. Dazu gehört natürlich das lebhafte studentische Leben, das zwischen Hörsaal, Bibliothek, Wohnheim, Verbindung, Pub oder Sportplatz pulsiert.

So weit das Klischee. In Cambridge gehören zu diesem Bild auch unweigerlich die »Punts«: lange Boote, die mit Stangen durch die Kanäle und Flüsse der Stadt gestakt werden und den perfekten Rahmen für geselliges Nichtstun liefern.

Vereint man nun die Facetten traditionsreiche Universität, studentisches Leben und eigentümliche Wassergefährte, dann könnte man sich ebenso gut wie in Cambridge auch im schwäbischen Tübingen wiederfinden. Der Ruhm von Jahrhunderten als geisteswissenschaftlicher Kaderschmiede, exzellenter naturwissenschaftlicher Forschung, eine von Studierenden bevölkerte Altstadt und eben die Stocherkähne, die sich rund um die lang gezogene Neckarinsel schieben, machen die beiden Universitätsstädte artverwandt.

Angetrieben werden die Stocherkähne hüben wie drüben von einer Person am Heck, die einen langen Stab in den Grund des Flusses stößt und damit das Boot vorwärts schiebt. Für stärkere Strömungen eignet sich das überhaupt nicht, aber hier, am Fuße des Hölderlinturms, ist es eine wunderbar entschleunigte, entspannte und hochkommunikative Form der Fortbewegung. Früher dienten diese Kähne der Lastenbeförderung, heute dem Amüsement. Links und rechts der Stocherer tunken Schwäne ihre Hälse in das Wasser, und der Sundowner, den man sich an Bord des Kahns gönnt, vervollkommnet die wunderbare Gemächlichkeit.

CAMBRIDGE

754 KM

TÜBINGEN

*Rechts: Cambridge, Großbritannien
52° 12′ 19″ Nord / 0° 7′ 9″ Ost*

*Unten: Für unerfahrene Stocherer ist
die Passage vor der »Knutschmauer« die
nervlich größte Herausforderung. Wer
will schon vor aller Augen dilettantisch
Schlangenlinien auf dem Neckar hinlegen.*

»Ihr holden Schwäne, Und trunken von Küssen, Tunkt ihr das Haupt, Ins heilignüchterne Wasser«, dichtete Friedrich Hölderlin 1804, etwas bevor er in den Turm einzog.

STADTFRIEDHOF TÜBINGEN

Uralte Bäume, efeubewachsene Grabmäler und verschlungene Wege verleihen dem Friedhof eine angenehm friedliche Atmosphäre. Flächenmäßig ist er klein, aber die Promidichte sucht ihresgleichen. Die schwäbischen Dichter Uhland, Kurz und Hölderlin liegen hier einträchtig beieinander, ebenso universitäre Größen wie Walter Jens, Georg Dehio und Lothar Meyer. Altkanzler

Kurt Georg Kiesinger fand hier seine letzte Ruhe (Reste seines Nachlasses sind in der Kunsthalle Heck erhältlich), ebenso der Staatsrechtler Carlo Schmid.
Ecke Gmelin und Wildermuthstr., 72076 Tübingen
Über mail@tuebingen-info.de lassen sich lohnenswerte Führungen buchen

HÖLDERLINTURM

Als der Schreinermeister Ernst Friedrich Zimmer den Turm am Neckar im Jahr 1807 erwarb, nahm er alsbald den geistig umnachteten Friedrich Hölderlin auf. Ernst Zimmer verehrte wie viele Zeitgenossen Hölderlins Werk »Hyperion«, aber dass sein Gast bis zu seinem Tod 36 Jahre später bei ihm wohnen bleiben würde, damit hatte er wohl nicht gerechnet. Heute ist der Turm der Öffentlichkeit zugänglich, und eine neu konzipierte Hölderlin-Ausstellung entschlüsselt Leben und Werk des Dichters, dessen Biografie untrennbar mit Tübingen verknüpft ist. Nur einen Steinwurf vom Turm entfernt liegt das evangelische Stift, wo Hölderlin in Jugendjahren als Stipendiat Freundschaft mit Schelling und Hegel schloss und seine Zukunft noch glänzend vor ihm lag.
Bursagasse 6, 72070 Tübingen
Do–Mo 11–17 Uhr, Eintritt frei

MARKTPLATZ

Die Tübinger Altstadt erstreckt sich über den Schlossberg – zum Neckar hin fällt das Gelände steil ab, Richtung Ammer wird es etwas flacher. Der Marktplatz liegt auf der neckarabgewandten Seite, und wer die Altstadt ohne festen Plan erkunden möchte, sollte sich den Markt zum Ziel setzen – die unzähligen Gassen und Sträßchen führen eigentlich alle dorthin. Beim Spazieren wird man feststellen, dass die Fachwerkhäuser hangaufwärts, in der universitär geprägten Oberstadt, immer größer werden. Der Grund liegt in der Schwerkraft. Die mittelalterliche Kloake verlief oberirdisch, wer unten wohnte, hatte Pech. War also das Geld für ein großes Haus vorhanden, baute man dies weiter oben am Hang, und die im unteren Teil, einfache Handwerker (Gôgen), konnten zusehen, wo sie blieben, oder darauf warten, dass die Ammer den Mist aus der Stadt schaffte. Den Marktplatz selbst dominiert das reich verzierte Rathaus aus dem 15. Jahrhundert mit der astronomischen Uhr, die neben der Tageszeit auch die Mondphasen und den Stand im Tierkreis zeigt. Auf allen Seiten ist der leicht abfallende Markt mit Cafés und Restaurants gesäumt. Der Neptunbrunnen in der Mitte des Platzes sollte einen Hauch italienische Renaissance an den Neckar bringen – sein Vorbild steht in Bologna.

KUNSTHALLE HECK

Thomas Leon Heck ist ein Tübinger Original. Lange Jahre hatte er sein Geschäft in der Tübinger Altstadt, bis die dortigen Räumlichkeiten, inklusive der nicht enden wollenden Gewölbekeller, aus allen Nähten platzten. Für seine Mischung aus Antiquariat, Antiquitätenhandel und Kuriositätenkabinett ist er in eine riesige Lagerhalle nach Dußlingen gezogen und hat binnen kürzester Zeit auch dort jede Ecke mit Dingen befüllt. Eine wahre Fundgrube für Raritätenjäger! Und wenn man Herrn Heck auf dem richtigen Fuß erwischt, wird er spannende, haarsträubende und mitunter bizarre Anekdoten aus dem Leben eines Antiquitätenhändlers berichten.

Hallstattstr. 17/1, 72144 Dußlingen

Tel. 0 70 72/9 27 89 69 (unbedingt vorher anrufen, da keine festen Öffnungszeiten), www.thomasleonheck.de

KLOSTER BEBENHAUSEN

Die romanische Zisterzienserabtei vor den Toren der Stadt ist ein architektonisches Schmuckstück. Die Macht dieses Klosters spiegelt sich in der bestens erhaltenen Bausubstanz. Die zugehörigen Gebäude, Gassen und das Schloss liefern Stoff für eine Fantasiereise in die Vergangenheit.

Führungen mehrmals täglich und unbedingt empfehlenswert

www.kloster-bebenhausen.de

RESTAURANTS

SCHWÄRZLOCHER HOF

Man kann es nicht anders sagen: Der Blick vom Hof ist ein fast schmerzhaftes Idyll. Unter den Gästen breitet sich das Ammertal aus – Streuobstwiesen, Haine und Felder, grasende Pferde und Schafe, und auf der Terrasse des Gasthauses spazieren Pfauen. Die Karte ist regional, viele Produkte aus eigener Herstellung. Württemberg wie im Bilderbuch.

Schwärzloch 1, 72070 Tübingen

Mi–So 11–22 Uhr, Tel. 0 70 71/4 33 62

www.hofgut-schwaerzloch.de

TÜBINGER ALTSTADT-BESEN

Was dem Österreicher sein Heuriger ist, ist dem Schwaben der Besen. Winzer schenken in mehr oder weniger improvisierten Lokalitäten ihren eigenen Wein aus. Gesellig ist es eigentlich immer, unterhaltsam auf jeden Fall. Zu essen gibt es Deftiges.

Haaggasse 22, 72070 Tübingen

Mi–Sa ab 17 Uhr (30. Sept.–5. Dez)

nur Barzahlung

ÜBERNACHTUNGEN

PENSION BINDER

Mitten in der Altstadt liegt das Traditionshaus, direkt über dem gleichnamigen Café, das wie das Wohnzimmer der Lieblingstante anmutet. Kein glattgebügeltes Ketten-Etablissement, sondern ein angenehm skurriles Pensionserlebnis. Es gibt sogar ein Turmzimmer mit Dachterrasse und herrlichem Blick über die Dächer der Altstadt.

Nonnengasse 4, 72070 Tübingen

Tel. 01 71/5 26 43, www.pension-binder.de, €

LANDHOTEL HIRSCH BEBENHAUSEN

Allein der Lage wegen ist das Übernachten hier empfehlenswert. Der Ort Bebenhausen ist winzig, aber sein kultureller Reichtum enorm. Schon König Wilhelm von Württemberg wusste Gasthaus und Ort zu schätzen. Wahrscheinlich hat das angeschlossene Restaurant seitdem auch nichts von seiner Qualität eingebüßt.

Schönbuchstr. 28, 72074 Tübingen-Bebenhausen

Tel. 0 70 71/6 09 30

www.hirsch-bebenhausen.de, €€€

34

BURG HOHENZOLLERN

48° 19' 25" NORD / 8° 58' 3" OST

EIN WENIG muss man sich schon die Augen reiben. Was sich da aus dem Nebelmeer erhebt, schlägt den Betrachter in seinen Bann. Wie der weltberühmte Mont Saint-Michel umschließt ein Bauwerk mit Mauern und Türmchen den Gipfel eines Berges. Aber wir sind mitnichten in der Normandie, wo das mächtige Kloster seit Langem dem Wind, den Wellen, verschiedenen Kriegen und in den letzten Jahren bis zu 2,3 Millionen Touristen jährlich trotzt. Vielmehr steht der Betrachter am Trauf der Schwäbischen Alb und sieht die markante Silhouette der Burg Hohenzollern. So ähnlich beide Bauwerke auf den ersten Blick sein mögen, so verschieden ist ihre Geschichte. Während der Mont Saint-Michel auf eine bewegte, über 1000-jährige Geschichte als Kloster, Gefängnis und Refugium zurückschauen kann, ist die Burg gerade einmal 150 Jährchen alt. Auf den zweiten Blick ist ihre Geschichte aber spannend, denn ihren Bau kann

Oben: Mont Saint-Michel, Normandie, Frankreich
48° 37' 57'' Nord /1° 30' 34'' West

Links: Ab September zieht mit großer Zuverlässigkeit der Frühnebel über den Flüssen und Bächen zwischen Schwarzwald und Alb auf und ermöglicht diesen fantastischen Anblick.

man durchaus als historische Räuberpistole bezeichnen. Die Familie der Hohenzollern hat zwei große Zweige: zum einen das preußische Königs- und spätere Kaiserhaus, zum anderen die Linie der Fürsten in Württemberg, die ihren Sitz im nahen Sigmaringen haben. Als nun im 18. und 19. Jahrhundert die preußischen Hohenzollern kontinuierlich ihre Macht ausbauten, wollte man ein Ausrufezeichen hinsichtlich des eigenen Selbstverständnisses setzen. Man wollte aller Welt zeigen, dass die Ansprüche der Hohenzollern jahrhundertealt seien und sich einer mächtigen Tradition rühmten. Und wie sollte das funktionieren? Mit Architektur! Auf einem hübschen Hügel, einem dieser der Alb vorgelagerten Zeugenberge, sollte auf den Grundmauern einer ehemaligen Hohenzollern-Festung eine Burg entstehen, die genauso aussah, wie man sich im 19. Jahrhundert das Mittelalter vorstellte: Brücklein, Türmchen, Mauern – alles nicht aus strategischen Gründen geplant, sondern ausschließlich unter ästhetischen, romantischen Gesichtspunkten zu Repräsentationszwecken. So erhebt sich bei Hechingen heute imposant und weithin sichtbar diese steingewordene Mittelalterfantasie und steht Besuchern offen.
www.burg-hohenzollern.com

In Sigmaringen durchbricht die Donau das Gestein der Schwäbischen Alb. Was für ein Standort für das fürstliche Schloss!

RESTAURANTS

RESTAURANT BURG HOHENZOLLERN

Die Burg kann man nicht nur besichtigen, es gibt auch verschiedene Möglichkeiten, gepflegt einzukehren. Man kann in einem Biergarten im Hof der Burg Platz nehmen, während in den historischen Räumlichkeiten der Burg ein Café und ein Restaurant die Gäste erwarten. Seit 2017 wird auch ein eigenes Bier ausgeschenkt: »Preußens Pilsener«.
72379 Burg Hohenzollern
www.burg-hohenzollern.com

GLUFAMICHEL

In der lauschigen Gartenwirtschaft am lang gezogenen Marktplatz von Hechingen kann man sich wahlweise von der Wanderung auf die Burg erholen oder aber Kräfte tanken für den Aufstieg. Serviert wird schwäbische Hausmannskost.
Marktplatz 19, 72379 Hechingen
Tel. 0 74 71/1 68 80
www.glufamichel-hechingen.de

ÜBERNACHTUNGEN

SCHLOSS HAIGERLOCH

Innerhalb der altehrwürdigen Schlossmauern empfängt das Hotel mit vorzüglichem Restaurant seine Gäste mit einer ausgewogenen Mischung aus historischem Charme und modernem Komfort. Der Blick vom Schloss, hoch über Eyach und Atomkeller, ist fantastisch.
Schloss Haigerloch, 72401 Haigerloch
Tel. 0 74 74/6 93–0
www.schloss-haigerloch.de, €€€

NÄGELEHAUS

Oben, auf dem Trauf der Alb, liegt unweit der Burg Hohenzollern dieser sympathische Gasthof des Schwäbischen Albvereins. Einfache, saubere Zimmer, mitten in der Natur gelegen, ideal für Wanderungen in der Umgebung. Das Restaurant serviert bodenständige schwäbische Küche.
Am Raichberg 1, 72461 Albstadt
Tel. 0 74 32/2 17 15, www.naegelehaus.de, €

HAIGERLOCH ALTSTADT

Unweit von Hechingen und der Burg Hohenzollern schmiegt sich ein Fachwerkstädtchen an beide Seiten einer steil abfallenden Schlucht, an deren Grund sich die Eyach schlängelt. Selbstredend, dass Haigerloch auch Felsenstädtchen genannt wird. Das trutzige Schloss Haigerloch auf einer Felsnase dominiert den Ort und wird u-förmig von dem Flüsschen umschlossen. Dieses Stadtbild allein ist einen Besuch wert: Idylle pur. Dass ausgerechnet hier ein Brennpunkt der atomaren Forschung war, würde man nicht ahnen.

SCHLOSS SIGMARINGEN

Im Gegensatz zur Burg Hohenzollern ist das Schloss in Sigmaringen eine »echte« kontinuierlich gewachsene Anlage der Hohenzollern. Es liegt am engen Donaudurchbruch auf einem Felsen am südlichen Rand der Alb, umspült von der noch jungen Donau. Prächtige Säle, umfangreiche Waffensammlungen, fürstliche Pracht – all das lässt sich bei einer Führung durch das Schloss besichtigen, und vielleicht läuft man gar dem Fürsten Karl Friedrich über den Weg.
Karl-Anton-Platz 8, 72488 Sigmaringen
Tel. 0 75 71/7 29–2 30
Führungen mehrmals stündl.
www.hohenzollernschloss.de

ATOMKELLER-MUSEUM

Tief im Muschelkalk des Schlossfelsens, in einem Felsenkeller, der bis dahin ein Bierlager gewesen war, wurde ab 1944 eine geheime Kernreaktor-Versuchsanlage errichtet. Weil viele größere Städte in Deutschland bombardiert wurden, hatte das Regime die Forschungszentren aufs Land verlegt, wo unter Hochdruck an der Kernspaltung geforscht wurde. In Haigerloch sollte eine nukleare Kettenreaktion in Gang gesetzt und beobachtet werden. Die Arbeit im Atomkeller wurde im Januar 1945 aufgenommen, als das Ende des Krieges nur mehr eine Frage der Zeit war. Das Interesse der Alliierten an den Wissenschaftlern um Otto Hahn, Werner Heisenberg und Carl Friedrich von Weizsäcker und ihren Ergebnissen war enorm, sodass unmittelbar nach der Kapitulation eine US-Spezialeinheit nach Haigerloch zog, um Wissenschaftler und Anlagen umgehend in die USA zu verfrachten. Zuvor hatten französische Truppen ihr Glück versucht, aber hinter den unscheinbaren Bierlagertüren keine nukleare Forschungsanlage vermutet. Heute beherbergt der Felsenkeller ein kleines Museum, das die Versuche veranschaulicht und die Geschichte der Wissenschaftler erzählt.
Pfluggasse 5, 72401 Haigerloch
Tel. 0 74 74/6 97–27
tgl. 10–12 und 14–17 Uhr
www.haigerloch.de/Atomkellermuseum

FÜRSTLICHER PARK INZIGKOFEN

Über beide Seiten der Donau erstreckt sich der Landschaftspark, kurz bevor der Fluss Sigmaringen erreicht. Fürstin Amalie Zephyrine von Hohenzollern-Sigmaringen ließ ihn ab 1811 ganz nach der Mode der Romantik anlegen, mit allen gartenbaulichen Finessen ihrer Zeit: Eine Eremitage für den obligatorischen Schmuckeremiten, Brücken über halsbrecherische Schluchten, Aussichtspunkte, Grotten und Felsentore. Und immer ist die Donau der Ausgangspunkt für die eindrucksvolle Landschaftsgestaltung. Unlängst wurde der Park um eine Attraktion reicher: Über die Donau spannt sich eine kunstvolle Hängebrücke, die beide Parkseiten miteinander verbindet.
Vilsinger Str. 12, 72514 Inzigkofen
www.inzigkofen.de

35

BLAUTOPF IN BLAUBEUREN

48° 24' 59" NORD / 9° 47' 3" OST

DIE FARBEN SIND HIER WIE DA FANTASTISCH, und tauchen könnte man sowohl im legendären Blue Hole in Belize als auch im baden-württembergischen Blautopf. Einen gravierenden Unterschied gibt es aber schon: In Belize darf man schweres Tauchgerät einsetzen, im Blautopf ist das nach mehreren tödlich verlaufenen Unfällen verboten. Zugegeben, auch die Ansicht aus der Luft und der Artenreichtum der Fische sind in Belize beeindruckender, und die 300 m Durchmesser des Blue Hole erreicht der Blautopf mit seinen gerade einmal 40 m ebenfalls nicht. Spektakulär ist allerdings hier wie dort die intensive türkisblaue Farbe des Wassers.

Der Blautopf liegt am Nordrand des gemütlichen Städtchens Blaubeuren, dessen wichtigstes touristisches Alleinstellungsmerkmal er ist. Die Karstquelle des Flüsschens Blau ist schnell mit einem Abstecher vom Donauradweg zu erreichen und lockt das ganze Jahr über Touristen an. Kein Wunder, selbst Wissenschaftler haben sich längst mit der Blaufärbung befasst. Sie entsteht durch die sogenannte Reyleigh-Streuung, einem Lichteffekt an den winzigsten Kalkpartikeln des Wassers. Da sie so klein sind, streuen sie vor allem die blauen Farben und schaffen so die ganz besondere Farbe des Blautopfs.

Gut möglich aber, dass diese wissenschaftliche Erklärung nichts als Lug und Trug ist. Immerhin wurde einst behauptet, dass die Blaubeurer täglich ein Fass mit Tinte in das Wasser schütten würden, um ihre touristische Attraktion zu erhalten. Es könnte sich also lohnen, die einheimische Bevölkerung stets gut im Auge zu behalten. Gut möglich, dass man so dem tatsächlichen Geheimnis des Blautopfs auf die Spur kommt.

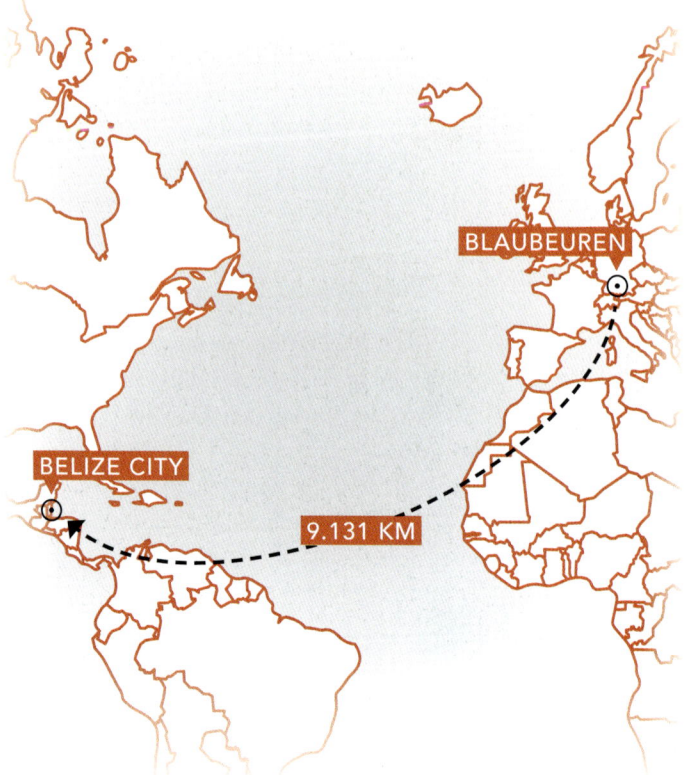

Rechts: Großes blaues Loch vor der Küste von Belize City, Belize
17° 19′ 19″ Nord / 87° 31′ 55″ West

Unten: Naturwunder sind immer auch ein Quell für Legendenbildung. Im Blautopf lebt die schöne Lau, im Blue Hole eine ganze Batterie an Seeungeheuern.

RESTAURANTS

BADHAUS CAFÉ & LADEN

Seit 600 Jahren steht das Haus und diente einst ausschließlich zur Reinigung. Von wegen Wellness – Schmutz und Gestank mussten weg. Dazu passt das Konzept des Cafés: zurück zu dem, was wirklich wichtig ist, etwa dem täglich frischen Tagessüppchen und ein paar kleinen, feinen Speisen am Abend, alles regional, aus fairem Handel, meist bio und teils vegan.
Kirchplatz 5, 89143 Blaubeuren
Tel. 0 73 44/1 77 75 25, tgl. außer Di ab 9.30,
So ab 12 Uhr, www.badhaus-cafe.de

RESTAURANT FORELLENFISCHER

Frischer geht's nicht. Quicklebendig sind die Forellen im Dorfteich noch, kurz danach brutzeln sie in der Pfanne. Saisonale und regionale Küche kommt hier auf gehobenem Niveau auf den Tisch.
Aachtalstr. 6, 89143 Blaubeuren-Weiler
Tel. 0 73 44/65 45, Di 18–23, Mi–Sa 12–14, 18–23,
So 12–14 Uhr, www.forellenfischer.de

ÜBERNACHTUNGEN

BIERHOTEL SCHWANEN

Übernachten in einer Biersuite, ein Seminar rund ums Bier, eine eigene Brauerei im Haus und ein Vier-Gänge-Biermenü! Ein Traum!
Schwanengasse 18/20, 89584 Ehingen/Donau
Tel. 0 73 91/77 08 50, www.bierkulturhotel.de, €

HOTEL OCHSEN

Ein Kerngebäude aus dem Mittelalter, Fachwerk und topmoderne Zimmer zeichnen das Hotel Ochsen aus. Die Küche setzt regionale Schwerpunkte. Klar, mindestens zwei Ochsengerichte stehen auf der Karte. *Marktstr. 4, 89143 Blaubeuren*
Tel. 0 73 44/96 98 90
www.ochsen-blaubeuren.de, €

LAICHINGER TIEFENHÖHLE

Ein See, 80 m unter der Erde, und versteinerte Riffe aus der Jurazeit – die Laichinger Tiefenhöhle wäre schon aus diesem Grund einzigartig. Sie ist aber außerdem die einzige für die Öffentlichkeit zugängliche Schachthöhle Deutschlands. Kinder sind auch ohne das Höhlenabenteuer vom nahen Kletterwald, dem Ponyhof und dem Märchenpark begeistert.
Höhleweg 220, 89150 Laichingen, Tel. 0 73 33/55 86
tgl. 10–18 Uhr, www.tiefenhoehle.de

DER HÖCHSTE KIRCHTURM DER WELT

Mit 161,53 m verfügt das Ulmer Münster über den höchsten Kirchturm der Welt. 768 Stufen sind zu überwinden, drei Aussichtsplattformen gestatten Ruhepausen, dann sind die Besucher weit über dem eigentlichen Kirchenbau angekommen und genießen an Föhntagen sogar die Fernsicht bis zur Alpenkette. Aber auch in unmittelbarer Umgebung ist etwas zu entdecken: der berühmte kupferne Spatz auf dem Hauptdach des Münsters. Ein Ehrenmal für den Vogel, der bei der Erbauung des Münsters demonstrierte, wie man einen Zweig (Spatz) bzw. riesigen Balken (Zimmerer) durch eine viel zu enge Öffnung bekommt. Die Zimmerer waren nämlich mit ihrem Balken am Stadttor steckengeblieben.
Münsterplatz 1a, 89073 Ulm
Mai–Sept. 9–18, Sa, So ab 10, Okt., Feb.–April 10–16,
Nov.– Jan. 10–15.45 Uhr, www.ulmer-muenster.de

GALERIE SCHLOSS MOCHENTHAL

Kunst und Kultur, untergebracht in edlem Ambiente – die Galerie Schrade kann alles bieten. In den renovierten Räumen von Schloss Mochenthal kommen vor allem Freunde der Gegenwartskunst und der klassischen Moderne auf ihre Kosten. Der Besitzer der Galerie, Ewald Karl Schrade, kreierte schon 1985 einen Begegnungsort für Mensch, Kunst und Kultur, um Verbindungen zwischen regional verwurzelter, überregional akzeptierter und weltweit anerkannter Kunst zu schaffen.
Schloss Mochental, Mochental 2, 89584 Ehingen
Tel. 0 73 75/4 18, Di–Sa 13–17, So, Fei 11–17 Uhr
www.galerie-schrade.de

Höher geht es in der christlichen Welt nirgends hinaus: der Turm des Ulmer Münsters, der erst 1890 fertiggestellt wurde.

In Ehingen dreht sich vieles ums Bier – am besten ist der Gerstensaft autofrei auf der Bierwanderung zu degustieren.

DIE KARSTQUELLEN DES KLOSTERS URSPRING

Die Urspring-Quelle gilt auch unter Einheimischen als Geheimtipp. Kaum bekannt ist die von einer Natursteinmauer eingefasste Karstquelle, die auch dem benachbarten Kloster ihren Namen gab. Pro Sekunde schüttet die Quelle 500 Liter Wasser aus; das Bächlein läuft danach über zwei Wehre rechts und links der Klosterschneiderei und der heutigen Modellbauwerkstatt. Die Klostergebäude sind ebenfalls einen Besuch wert. Die Benediktinerinnen haben ihre Tätigkeiten aufgegeben, dafür sind die Schüler der Urspringschule in die Klostermauern eingezogen. Vorbei war's mit der Ruhe – dafür ist heute fröhliches Kinderlachen auf den Gängen zu hören.
Urspring 1, 89601 Schelkingen

BIERWANDERWEG EHINGEN

Wer sich zur Bierkulturstadt ernennt, wie eben Ehingen, kann auf einen Bierwanderweg nicht verzichten. Das meinten jedenfalls die lokalen Tourismusstrategen und legten einen Wanderweg an, der selbstredend zunächst an vier Brauereien in der Innenstadt vorbeigeht, dann hinab ins Donautal und zur Brauerei nach Berg führt, von wo aus man wieder zurück nach Ehingen läuft. Er ist nicht zu lang, knapp 14 km – immerhin soll man die verschiedenen Biere probieren und dennoch alles an einem Tag bewältigen können.
Tourist Info, Marktplatz 1
89584 Ehingen/Donau
Tel. 0 73 91/50 32 07
www.bierkulturstadt-ehingen.de

36

RHEINFALL SCHAFFHAUSEN

47° 40' 42" NORD / 8° 36' 51" OST

DER RHEIN IST 1232,7 KM LANG. Mehr als die Hälfte davon – knapp 700 km – fließen durch Deutschland. Doch die größte Attraktion des Flusses liegt in der Schweiz. Nur einen Katzensprung von der Grenze entfernt donnert der Rhein über das harte Jurakalkgestein 23 m in die Tiefe. Auf einer Breite von 150 m fallen im Mittel jede Sekunde 373 Kubikmeter Wasser hinab. Flankiert wird das beeindruckende Naturschauspiel von zwei Schlössern, die um die beste Aussicht konkurrieren.

Am östlichen Rheinufer thront das im 9. Jahrhundert erstmals erwähnte Schloss Laufen, das heute als Eingangstor zu den Aussichtsplattformen dient. Der Panoramaweg führt über mehrere Stufen hinab, bis man schließlich auf dem Känzeli steht. So nah am Wasserfall ist das Rauschen ohrenbetäubend, und der Wind sorgt für einen stetigen Sprühnebel. Ihm gegenüber steht das schlichte Schlössli Wörth auf einer kleinen Insel. Das einstige Zollhaus wurde im 12. Jahrhundert errichtet, um den Warenverkehr zu regeln.

Der Rhein ist nicht der einzige Fluss, der eine nationale Grenze markiert. An den Iguazú-Fällen im Dreiländereck Argentinien, Brasilien und Paraguay wird die Grenzfunktion von Gewässern besonders deutlich. Bis zu 82 m tief fällt das »Große Wasser« auf einer Breite von fast 3 km in die Tiefe. Die mächtigste Attraktion des riesigen Nationalparks, der über 14 Kaskaden hinabfallende Teufelsschlund *(Garganta del Diablo)*, ist gerecht zwischen Argentinien und Brasilien aufgeteilt. Angesichts der tosenden Wassermassen käme niemals jemand auf die Idee, die Iguazú-Fälle mit dem Boot zu überwinden.

In Schaffhausen hingegen gab es schon ein paar Wagemutige, die erfolgreich die Durchfahrt mit dem Kajak gewagt haben. Eine extreme Mutprobe ist der Sprung vom Känzeli in die rauschende Flut. Er ist zwar nicht verboten, die Schweizerische Lebensrettungs-Gesellschaft (SLRG) rät aber dringend davon ab.

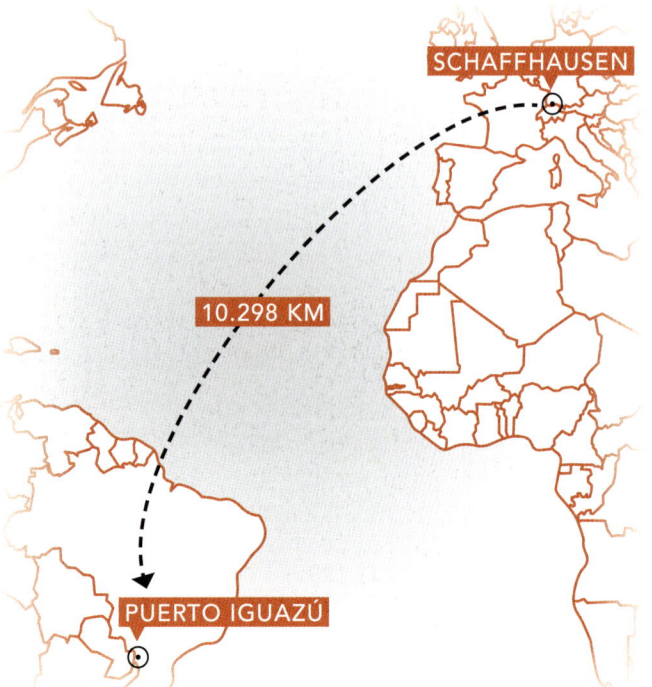

SCHAFFHAUSEN

10.298 KM

PUERTO IGUAZÚ

Links: Iguazú-Fälle, Dreiländerdreieck zwischen Argentinien, Brasilien und Paraguay
25° 41′ 3″ Süd / 54° 26′ 18″ West

Unten: Wenn man den gewaltigen Rheinfall in einen schnöden Superlativ packen möchte, dann dieser: größter, wasserreichster Fall Europas. Sein Pendant in Südamerika sind die Iguazú-Wasserfälle.

BOOTSTOUREN

Ganz nah heran an die Fälle kommt man mit dem Boot. Zu Wahl stehen die kleine Rundfahrt (15 Min.), die Überfahrt zum Schloss Laufen und die Felsenfahrt (30 Min.). Letztere ist definitiv der Favorit für alle, die keine Angst vorm Nasswerden haben. Das Boot startet am Schlössli Wörth, nähert sich dem Rheinfall von unten und legt dann am großen Felsen an, der sich mitten im Fallbecken befindet. Die Passagiere können über eine Treppe auf den Felsen hinaufsteigen und das mächtige Rauschen hautnah erleben. Eine 30-minütige Rundfahrt mit Audioguide, die auch ein wenig weiter flussabwärts führt, ist ebenfalls im Angebot.
Rhyfall Mändli, Neuhausen
April–Okt. im 10–20-Minuten-Takt
www.rhyfall-maendli.ch

ADVENTURE SEILPARK RHEINFALL

Aus einer ganz anderen Perspektive kann man den Rheinfall im Adventure Park direkt oberhalb des Schlössli Wörth bestaunen. Im größten Waldseilpark der Schweiz trainiert man auf 170 Elementen Geschick und Kondition. Zu den Highlights zählen der mittelschwere Panoramaparcours, die Pendelsprünge aus 20 m Höhe sowie die fast 500 m lange Seilbahn.
Nohlstr., Neuhausen, April–Okt. tgl. 10–19 Uhr
www.ap-rheinfall.ch

SMILESTONES

Vom Rheinfall ins Berner Oberland und weiter zum Matterhorn in einer Stunde. Das ist nur in der größten Miniaturwelt der Schweiz möglich. Im Maßstab 1:87

RESTAURANTS

GRÜNER BAUM

Der Industrial-Chic im Grünen Baum passt wunderbar zur Örtlichkeit: Das Restaurant befindet sich auf dem Gelände einer stillgelegten Eisenbahnwaggon-Fabrik. Serviert werden internationale Gerichte mit vorwiegend regionalen Zutaten. Das Restaurant bietet auch eine Tavolata an, bei der acht verschiedene Gerichte in der Mitte des Tisches platziert werden und sich jeder nach Herzenslust bedienen kann.
Heinrich-Moser-Platz 1, Neuhausen
Restaurant: Di–Sa 18–21, Bistro: Mo 8–14,
Di–Fr 8–21, Sa 14–21 Uhr

RHEINGOLD

Die Grundregel hier lautet: Gehen Sie niemals ohne Dessert nach Hause! Der Koch versteht sein Handwerk, und der Gast erfreut sich an der großen Auswahl Schweizer Weine. Im Sommer kann man im lauschigen Garten Platz nehmen, an kälteren Tagen sitzt man im gemütlichen Stübli. *Rheingoldstr. 51 Neuhausen, Tel. +41-52/6 72 19 90, Di–Fr 11.30–14 und 18–23, Sa 18–24 Uhr, www.rheingold-nh.ch*

ÜBERNACHTUNGEN

HOTEL 2B

Klein aber fein – jedes der acht gemütlichen Zimmer ist in seinem ganz eigenen Stil eingerichtet. Die Betten sind gemütlich, das Badezimmer ist groß, und an Details wie Handyladestation und Nespresso-Maschine wurde gedacht. Das angegliederte Restaurant US-Mex serviert erwartungsgemäß amerikanische und mexikanische Speisen.
Münsterplatz 30 / Vordergasse 43
Schaffhausen
Tel. +41-52/6 49 40 40
www.hotel-2b.ch, €€

LES MIGNARDISES

Das Guesthouse in einem wunderschönen Fachwerkhaus verspricht kontaktfreudigen Reisenden nette Begegnungen in der Gemeinschaftsküche und auf der gemütlichen Dachterrasse. Das historische Gebäude wurde liebevoll renoviert.
Dorfstr. 20, Uhwiesen
Tel. +41-79/1 92 92 73
www.lesmignardisesch.com, €€

Mittelalterromantik in Stein am Rhein. Die Stadt erstreckt sich an beiden Ufern des Rheins, kurz nachdem der Fluss aus dem Bodensee strömt.

wurden hier zahlreiche Schweizer Sehenswürdigkeiten und Landschaften nachgebaut. Dafür wurden über 1000 m Bahngleise verlegt, auf der rund 80 Züge fahren. Dazu kommen 350 Automobile und mehr als 8000 Miniaturfiguren.
Industrieplatz 3, Neuhausen
tgl. 11–18 Uhr, Nov.–April Mo Ruhetag
www.smilestones.ch

STEIN AM RHEIN

Stein am Rhein lockt vor allem mit seinem mittelalterlichen Kern. Viele der alten Gebäude sind bunt angestrichen oder an den Außenfassaden mit erstaunlichen Bildern geschmückt. Die Festung Hohenklingen und das Kloster St. Georgen sind einen Besuch wert. Im Norden der Gemeinde befinden sich außerdem frei zugängliche Sandsteinhöhlen, die den Entdeckerdrang wecken.

Tourismusbüro Stein am Rhein, Oberstadt 3
Tel. +41-52/6 32 40 32
Di–Fr 10–12.30 und 13.30–16, Sa 10–14 Uhr
www.tourismus.steinamrhein.ch

ZÜRICH

Keine 50 km südlich vom Rheinfall liegt die Weltmetropole Zürich. Das pulsierende Alltagsleben, der traumhafte See und eine Gastronomieszene der Extraklasse locken viele Touristen in die größte Stadt der Schweiz. Gemütlich geht es in der Altstadt mit ihren engen Gassen und den lauschigen Hinterhöfen zu. Den besten Panoramablick hat man vom Uetliberg, den man mit der S-Bahn ab Zürich Hauptbahnhof erreichen kann.
Tourist Info: im Erdgeschoss des Hauptbahnhofs
Tel. +41-44/2 15 40 00
Mo–Sa 8.30–19, So 9–18 Uhr, www.zuerich.com

37

PFAHLBAUTEN IN UNTERUHLDINGEN

47° 43' 32" NORD / 9° 13' 41" OST

MALEDIVEN ODER UNTERUHLDINGEN? Der Unterschied ist gar nicht so gewaltig. Denn wo hüben am Bodensee einst die Steinzeitmenschen ihre Häupter betteten, sind es drüben inmitten des Indischen Ozeans heute komfortverwöhnte Touristen, die in pittoresken Pfahlbauten ihr Quartier beziehen. Back to the roots, nur bitte mit einer angemessenen Portion Luxus. Das rekonstruierte Steinzeit-Pfahlbau-Original steht am Bodensee. Setzt man sich dort auf die schlichten Holzplanken, schließt die Augen, atmet den leicht modrigen Geruch des Holzes ein und lauscht dem Rauschen des Schilfs am Ufer, dann umweht einen der Hauch der Geschichte. Immerhin standen die ersten Pfahlbauten bereits 4300 Jahre v. Chr. am Bodensee. In der Steinzeit wurden ganze Dörfer mit Schutzwänden aus Palisaden in den See gebaut, um die Bewohner vor Feinden, Stürmen oder wilden Tieren zu schützen. Vor allem konnten von den Häusern aus sehr einfach Waren über den See transportiert werden – und die Reise mit den einfachen Booten zu anderen Siedlungen am Ufer war ebenfalls gefahrlos. Die heutigen Pfahlbausiedlungen in Unteruhldingen sind natürlich keine Originale. Auch der härteste Eichenpfahl hält nur selten Tausende Jahre stand. Doch die Nachbauten, teilweise schon im Jahr 1922 errichtet, stehen dort, wo vor Urzeiten auch die Originale standen. Hier wuschen die einstigen Bewohner ihre Kleidung, schliffen Stein- oder Bronzewerkzeuge, kochten, lebten und starben.

So wurden viele der zwei Millionen Fundstücke, die im neuen Hauptgebäude des Pfahlbaumuseums ausgestellt sind, bei Tauchgängen auf dem Grund des Bodensees entdeckt. Bis unter die Ostmole des heutigen Hafens ließen sich Spuren aus drei Siedlungsphasen nachweisen. All das haben die Malediven nicht zu bieten – dafür aber Sonne und badewannenwarmes Wasser auch im Winter. Komfort und Luxus oder eine faszinierende, jahrtausendealte Geschichte? Am Ende hat wohl beides seinen Reiz.
www.pfahlbauten.de

Sonnenuntergang auf den Malediven
4° 40' 38" Nord / 73° 30' 34" Ost

Was am Bodensee schlicht »Pfahlbauten« heißt, hat die Tourismusindustrie auf den Malediven »Wasserbungalows« getauft. Häuser im Wasser auf Stelzen zu stellen, war ursprünglich eine reine Schutzmaßnahme – aber auch die Steinzeitmenschen dürften sich in ihren exponierten Behausungen schon wohlgefühlt haben.

UNTERUHLDINGEN

7.763 KM

MALEDIVEN

Das Gartenparadies der Bernadottes: Die Blumeninsel Mainau. Ein Ausflugsziel, das seinen Besuchern eine in Deutschland einmalige Exotik bietet.

REPTILENMUSEUM

Manche wird es vor Grauen schütteln, andere wollen unbedingt einmal die Chance nutzen, eine echte, lebendige Schlange oder Echse auf den Arm zu nehmen. Im Reptilienhaus Unteruhldingen ist das möglich. Die Mitarbeiter pflegen mit viel Engagement Reptilien, die ausgesetzt oder vom Zoll beschlagnahmt wurden. Auf gut 300 Quadratmetern leben über 30 verschiedene Tierarten in artgerechten Wüsten- und Regenwaldanlagen. Bei so viel tierischem Gewusel ist es umso netter, dass es nicht stört, wenn die Besucher ihre Hunde mitbringen.
Ehbachstr. 4, 88690 Uhldingen-Mühlhofen
Tel. 0 75 56/92 97 00
April–Okt. 9.30–18, Nov.–März 11–17 Uhr

AFFENBERG

Affen oder Störche? Wer nach Salem fährt, hat die Wahl. Vor allem bei Sonnenschein ist das Ambiente einfach fantastisch. Schon auf dem Parkplatz hört man im Frühling und Sommer das Klappern der gut 50 Weißstörche,

die auf den historischen Gebäuden nisten. Der Biergarten ist ein perfekter Platz, um die großen Vögel beim Starten, Landen und bei der Brutpflege zu beobachten. Grundsätzlich aber stehen bei diesem Ausflug die Berberaffen im Mittelpunkt. Gut 200 dieser Tiere leben in dem eingezäunten Gehege, das die Besucher auf einem Spazierweg durchwandern. Sie dürfen sogar gefüttert werden – und das wissen die Affen ganz genau. Es gilt also die Handtaschen zu schließen, Rucksäcke festzuzurren und Kameras zu umklammern, um tierischen Langfingern erst gar keine Gelegenheit zu bieten. Die Affen leben das ganze Jahr über in dem Freigehege, und um ihnen einige ruhige Paarungsmonate zu ermöglichen, bleibt die Anlage im Winter geschlossen.
Mendlishauser Hof, 88682 Salem, Tel. 0 75 53/3 81
tgl. 9.30–17.30 Uhr, www.affenberg-salem.de

INSEL MAINAU

Gibt es wirklich noch Geheimtipps für die Insel Mainau? Dieser riesigen, gut besuchten Parkanlage inmitten des Bodensees? Vielleicht dieser: frühzeitig in das

Schmetterlingshaus zu gehen, wenn die anderen Besucher noch zwischen Bäumen und Blumenrabatten flanieren. Ganz ruhig auf einer Bank sitzen bleiben, während Tausende bunter Schmetterlinge umherflattern, und sich selbst der Illusion hingeben, mitten auf der Mainau auf einer tropischen Insel gelandet zu sein.
78465 Insel Mainau, Tel. 0 75 31/3 03-0
tgl. 7–21, Schmetterlingshaus 10–19 Uhr
www.mainau.de

BURG MEERSBURG

Kaum zu glauben heute, dass eine der bedeutendsten deutschen Dichterinnen des 19. Jahrhunderts, Annette von Droste-Hülshof, die letzten acht Jahre ihres Lebens in den düsteren Gemäuern der Meersburger Burg verbrachte. Dass es hier durchaus gemütlich sein kann, erfährt, wer hinauf ins Café steigt. Hier ist es hell, warm und freundlich – und auf dem kleinen Holzbalkon werden köstliche Torten serviert.
Schlossplatz 10, 88709 Meersburg, Tel. 07 32/8 00 00
tgl. 9–18.30 Uhr, www.burg-meersburg.de

PFAHLBAU-MUSEUM UNTERUHLDINGEN

Die Pfahlbauten aus der Ferne zu betrachten ist schon beeindruckend, das intensivere Erlebnis bietet aber ein Besuch des Museums. Dort lernt man »Ötzis« Vetter vom Bodensee, »Uhldi«, kennen, erfährt vieles über die Pfahlbauforschung unter Wasser und über den einstigen Urwald, der sich am Ufer des Sees erstreckte.
Strandpromenade 6, 88690 Uhldingen-Mühlhofen
Tel. 0 75 56/92 89 00, 1. Mai–4. Okt. tgl. 10–18,
5. Okt.–1. Nov. und 7.–8. Nov. 10–17.30,
26.–27. Dez. 10–16.30 Uhr, www.pfahlbauten.de

RESTAURANTS

REBMANNSHOF
Schweinebäckle – damit ist für Stammgäste eigentlich alles gesagt über den Rebmannshof. Das Fleisch ist so zart, dass es fast auseinanderfällt, das Gemüse auf die Sekunde perfekt gegart. Als Zugabe lockt eine traumhafte schöne Seeterrasse. Klar, dass die Fischgerichte den Schweinebäckle in nichts nachstehen. Man ist schließlich am Bodensee.
Birnau-Maurach 2, 88690 Uhldingen-Mühlhofen
Tel. 0 75 56/9 39–0, warme Küche tgl. 11–21 Uhr
www.rebmannshof.de

BESENWIRTSCHAFT »JAMMER NICH«
Es gibt wahrhaftig nichts zu jammern, wenn die Brotzeitteller in dieser rustikalen Besenwirtschaft auf den Tisch kommen. Satt ist hier noch jeder geworden. Sei es von den geräucherten Felchen oder der legendären Sauschwänzle-Sülze. Kein Scherz – das Schwänzle ruht tatsächlich am Boden der Sülze. *Siedlungshof 1*
88690 Uhldingen-Mühlhofen, Tel. 0 75 56/60 10
Mai–Sept. tgl. ab 9 Uhr, www.bodensee-bauernhof.de

ÜBERNACHTUNGEN

LANDHOTEL FISCHERHAUS
Was will man mehr? Das Landhotel Fischerhaus ist eine Oase der Ruhe in einem charmant restaurierten ehemaligen Fischerhaus. Ein Schwimmbad inmitten gepflegter Obstbäume, Sauna und Whirlpool sowie ein privater Strandbereich runden das Angebot ab.
Seefelden 3, 88690 Uhldingen-Mühlhofen
Tel. 0 75 56/85 63
www.fischerhaus-seefelden.de, €€€

HOTEL SEEVILLA
Die Seevilla ist ein liebevoll gestaltetes und mit vielen Blumen geschmücktes Hotel im mediterranen Stil. Die Pfahlbauten und das kostenlose Strandbad sind nur ein paar Gehminuten entfernt. Großes Frühstücksbüfett.
Seefelder Str. 36
88690 Uhldingen-Mühlhofen
Tel. 0 75 56/9 33 70
www.seevilla.de, €€–€€€

38

DER LECH BEI FÜSSEN

47° 33' 58" NORD / 10° 41' 58" OST

DER GRAND CANYON LIEGT IN FRANKREICH. Zumindest auf den Grand Canyon du Verdon trifft das tatsächlich zu, denn die Schlucht mit ihren reißenden Wassermassen ist von beachtlicher Höhe. Bis zu 700 m tief hat sich der Fluss Verdon in den gut 21 km langen Canyon eingegraben. Beinahe so spektakulär ist der Lech, der von Vorarlberg kommend über Füssen nach

Augsburg fließt und bei Rain in die Donau mündet. Allerdings kann er für sich in Anspruch nehmen, eine der letzten Wildflusslandschaften Europas geschaffen zu haben.

Seine ungezähmt wilde Kraft zeigt der Lech vor allem bei Füssen, wo er über den sogenannten Lechfall in eine enge Klamm stürzt. In fünf Stufen fällt das Wasser über eine im 18. Jahrhundert gebaute Staustufe in die Tiefe. Ganz bequem können Feriengäste das Spektakel vom Maxsteg aus betrachten. In der Klamm ist auch am eindrücklichsten die Parallele zum Verdon zu sehen: »Magisch hellblau bis jadegrün« wird die Wasserfarbe beschrieben – erstaunlich ähnlich leuchten auch die Farben in der Verdon-Schlucht. Neben dem Lichteinfall und der Wassertemperatur des Lech, die durchschnittlich nur sechs Grad beträgt, ist der hohe Mineraliengehalt im Wasser für die spektakulären Farben verantwortlich.

Gut möglich, dass unverbesserliche Frankreich-Fans nun die Attraktivität der Umgebung anzweifeln und anmerken, dass die Schlucht nur kurz ist und die Höhe der Steilwände allenfalls teilweise mithalten könnte mit den »Gorges du Verdon«. Für Einheimische ist ein solcher Einwurf keine Silbe wert. Sie strecken den Arm aus und schwenken ihn lässig in Richtung Alpen. Dorthin, wo das Schloss Hohenschwangau steht und gleich dahinter das Märchenschloss Neuschwanstein. Mehr braucht es nicht – damit ist alles gesagt.

Links: Gorges du Verdon bei Moustiers-Sainte-Marie, Provence, Frankreich
43° 48′ 9″ Nord / 6° 15′ 5″ Ost

Unten: Bei Füssen hat der Mensch der Natur ein wenig auf die Sprünge geholfen – an einem gut 200 Jahre alten Stauwehr zeigt sich die Gewalt der Wassermassen des Lechs.

KÖNIGLICHE KRISTALL-
THERME SCHWANGAU

Schwitzen und saunieren mit Panoramablick auf Schloss
Neuschwanstein – das ist zweifellos ein ganz besonderes
Vergnügen. In der königlichen Kristalltherme am Kur-
park Schwangau ist dieses Spektakel im Preis inbegrif-
fen. Vor allem nach Einbruch der Dunkelheit ist es ein
Traum, das beleuchtete Schloss des Märchenkönigs
Ludwig II. entweder von den Schwitzbänken oder beim
Schwimmen im Außenpool zu bewundern. Der »Kini«
wäre begeistert gewesen.
Am Ehberg 16, 87645 Schwangau
Tel. 0 83 62/92 69 40, tgl. 9–21 Uhr
www.kristalltherme-schwangau.de

ALATSEE

Naja, nett sieht er aus der Alatsee, aber das gilt auch für
andere Seen im Füssener Umland. Besonders ist immerhin
seine Rotfärbung, die ihm im Volksmund auch den Bei-
namen »blutender See« eingebracht hat. Verantwortlich
dafür ist eine leuchtend rot gefärbte Schicht von Purpur-
Schwefelbakterien in gut 15 m Tiefe. Noch spannender
aber sind die Geschichten und Legenden, die sich um ihn
ranken. So sind noch heute riesige Eisenstangen im See zu
finden, da Luftwaffentechniker während des Zweiten Welt-
krieges mit Unterwassermodellen Versuche unternahmen.
Auf dem Grund des Alatsees sollen auch die kurz vor dem
Kriegsende versenkten Goldschätze der Deutschen Reichs-
bank liegen. Dass sie nie gefunden wurden, ist logisch: So
soll sich mitten im See ein enges Loch befinden, unter dem
sich der See in der Form einer Sanduhr wieder nach unten
erweitert. Keine Chance also, den Schatz jemals zu heben.
Am Alatsee 1
87629 Füssen

BURG FALKENSTEIN

Nahe bei Pfronten, gut 400 m hoch über dem Vilstal,
wäre beinahe ein Traum der Baukunst entstanden. Bayerns Märchenkönig Ludwig II. hatte hier vor, ein zweites
Neuschwanstein entstehen zu lassen, das letzte Traum-
schloss des Monarchen. Finanznöte und der frühe Tod
des Königs verhinderten dies letztlich. So sind hier nur
die zwar beeindruckenden, aber verfallenen Ruinen der

Was für ein Bilderbuch-Bayern-Panorama!
Schloss Neuschwanstein und Alpsee beim
Aufstieg auf den Tegelberg.

hochmittelalterlichen Burg Falkenstein zu sehen. Zumindest die Pläne aber sind erhalten geblieben, und so
kann man im kleinen Burgmuseum unterhalb der Ruine
trotzdem bewundern, was nie Wirklichkeit wurde.
Auf dem Falkenstein 1, 87459 Pfronten-Meilingen,
dann zu Fuß vom Burghotel und Restaurant
Falkenstein zur Ruine, tgl. 6–20 Uhr
www.pfronten.de

TEGELBERG

Ganz einfach eine königliche Aussicht! Wer mit der
Gondel hinauf auf den Tegelberg fährt, erlebt unvergess-
liche Momente. Schon der Ausblick auf das Voralpenland
mit seinen vielen Seen – bei idealem Wetter sogar bis
nach München – ist ein Traum. Wer aber bei der Auffahrt
rechts aus der Gondel blickt und dann unter sich die

Königsschlösser Neuschwanstein und Hohenschwangau nebst Alpsee erblickt, weiß ab sofort, wie es ist, sich königlich zu fühlen. Und dieser Ausblick ist mitunter ergiebiger, als die stark frequentierten Schlösser selbst zu besuchen.
Tegelbergstr. 33, 87645 Schwangau, Tel. 0 83 82/9 83 60
tgl. 9–17, im Winter bis 16.30 Uhr
www.tegelbergbahn.de

ALPSPITZ-KICK

Ein klarer Tipp für Adrenalin-Junkies. 1200 Meter geht es auf der schnellsten Zipline Deutschlands über Skipisten, Weiden und an Baumwipfeln vorbei nach unten; Geschwindigkeiten von bis zu 120 Stundenkilometer werden nach dem Start auf der Bergstation der Alpspitze in Nesselwang erreicht. Nichts für Angsthasen also!
Alpspitzbahn Nesselwang, Alpspitzweg 5
87484 Nesselwang, Tel. 0 83 61/12 70
www.alpspitzbahn.de

RESTAURANTS

MADAME PLÜSCH

Ach, die goldenen 20er! Hier leben sie noch einmal so richtig auf. Das Nostalgie-Restaurant im Stil der 1920er-Jahre logiert in einem denkmalgeschützten Doppelhaus aus dem 16. Jahrhundert. Herrlich plüschig ist es hier, und das Essen ist so bodenständig wie das Mobiliar. *Drehergasse 48 87629 Füssen, Tel. 0 83 62/9 30 09 49 Do–Mo 17–21 Uhr, www.madame-pluesch.de*

WALDWIRTSCHAFT AM MITTERSEE

Die traditionellen, einfachen Speisen sind nicht der Hauptgrund, hierher zu kommen. Die idyllische Lage am See, die frische Waldluft und der Blick in Richtung Berge sind unvergleichlich.
Badseeweg 5, 87629 Füssen – Bad Faulenbach April–Sept. Fr–Di 11.30–20 Uhr, März und Okt. nur Sa–So, Tel. 0 83 62/9 30 39 30 www.waldwirtschaft-am-mittersee.de

ÜBERNACHTUNGEN

WALDSEILGARTEN HÖLLSCHLUCHT

Mal so richtig abhängen im Urlaub! Ob sich die Gäste dann tatsächlich wohlfühlen, wenn ihr Bett an einer 300 m hohen Felswand hängt oder wenn sie auf einem Podest im Waldseilgarten nächtigen? Geschmackssache! *Bürgermeister-Franz-Keller-Str. 87459 Pfronten, Tel. 0 83 63/9 25 98 96 www.waldseilgarten-hoellschlucht.de, €€–€€€*

ÜBERNACHTEN IM ROMANTIK-IGLU

Was wäre das Leben ohne Romantik? Herzchenkissen, Rosenblätter auf weißer Bettwäsche und Kuscheln auf Schaffellen – das klingt schon einmal gut. Ganz besonders romantisch wird es aber, wenn das »Hotelzimmer« aus Schnee und Eis besteht. *Herbststr. 35, 87439 Kempten Tel. 01 51/10 65 49 92, www.iglu-dorf-allgaeu.de, €€*

39

FELDHERRNHALLE MÜNCHEN

48° 8' 14" NORD / 11° 34' 31" OST

MÜNCHEN SIEHT SICH GERN als nördlichste Stadt Italiens. Da passt es gut, dass König Ludwig I. auf dem Odeonsplatz dieses stattliche Bauwerk errichten ließ: eine ziemlich genaue Kopie der Florentiner Loggia dei Lanzi. Feldherrnhalle heißt sie hier. Das Original von der Piazza della Signoria stammt aus dem 14. Jahrhundert, Friedrich von Gärtner, Haus- und Hofarchitekt Ludwigs I., baute die Münchner Version 1841–1844 als Denkmal für das bayerische Heer. Feldherrnhalle am Südende und das wenige Jahre später entstandene Sie-

gestor am Nordende rahmen die breite Ludwigstraße, die von weiteren Prachtbauten gesäumt ist.

Zwei Hauptfiguren der bayerischen Militärgeschichte stehen prominent als Bronzestatuen unter den Bögen, Graf Tilly und Fürst Wrede. Über sie schrieb Lion Feuchtwanger in seinem Roman »Erfolg« einst, der eine sei kein Bayer und der andere kein Feldherr. 1906 wurden ihnen zwei Steinlöwen zu Seite gestellt, die nach dem Vorbild eines imposanten Löwen namens Bubi aus dem Münchner Zoo Hellabrunn gestaltet wurden.

In der ersten Hälfte des 20. Jahrhunderts war die Feldherrnhalle mehrfach Schauplatz unrühmlicher Geschichte: 1923 unternahm Adolf Hitler hier einen Putschversuch gegen die Berliner Reichsregierung. Nach der Machtergreifung der Nationalsozialisten 1933 wurde an der östlichen Gebäudeseite zur Erinnerung der Opfer des Hitler-Putsches eine Tafel angebracht, die jeder Vorbeikommende mit dem Hitlergruß zu ehren hatte. Um dies zu vermeiden, gingen viele Passanten auf der Rückseite der Feldherrnhalle durch die Viscardigasse, die daher bis heute noch »Drückebergergassl« genannt wird.

Auf geschichtsträchtigen Treppenstufen lässt man sich also nieder, an einem lauen Sommerabend mit einem Aperol Spritz oder einem Eis, schaut dem Treiben auf dem Odeonsplatz zu – und bekommt tatsächlich das Gefühl, man befände sich in der Toskana. Vielleicht haben die Münchner also schon ein bisschen recht.

Rechts: Loggia dei Lanzi,
Florenz, Italien,
43° 46' 10'' Nord / 11° 15' 20'' Ost

Unten: Die Feldherrnhalle dominiert an
dem einen Ende der prächtigen Ludwig-
straße. Im Laufe der Jahre wurden dieser
und jener darin verewigt, sodass sie, nun
ja, etwas vorgestellt wirkt.

Zwischen Sendlinger Tor und Rindermarkt liegt das imposante Ensemble des jüdischen Zentrums. Die Gestaltung der Sandsteinmauer, die die zentrale Synagoge umschließt, ist durch die Klagemauer in Jerusalem inspiriert.

ENGLISCHER GARTEN, NORDTEIL

Seit über 200 Jahren bietet das ehemalige Jagdrevier von Kurfürst Carl Theodor seinen Besuchern idyllische Wander- und Radwege, Liege- und Spielwiesen und schattige Biergärten. Während der Südteil des Englischen Gartens oft ziemlich überlaufen ist, ist der Nordteil, die Hirschau, ein weitläufiger, teilweise wildromantischer Stadtwald. Ruhesuchende finden hier immer einen ungestörten Platz.

MÜLLERSCHES VOLKSBAD

Vor lauter Schauen darf man hier das Schwimmen nicht vergessen. Diese 1901 eröffnete Perle der Jugendstilarchitektur ist eines der schönsten und besterhaltenen Hallenbäder überhaupt. Faun- und Panköpfe blicken auf die Badenden hinab, floral geschwungene Geländer und Fresken schmücken Wände und Balustraden, Bronze-figuren und reiche Stuckverzierung findet man in der Halle des ehemaligen »Herrenbeckens« (bis 1989 herrschte hier noch Geschlechtertrennung). Das römisch-irische Schwitzbad, das ebenfalls von der Wende zum 20. Jahrhundert stammt und damals eine Sensation war, lehnt sich architektonisch an antike Thermen an.
Rosenheimer Str. 1, 81667 München
tgl. 7.30–23.30, Sauna tgl. 9–23 Uhr
www.swm.de

LENBACHHAUS

Der Münchner »Malerfürst« Franz von Lenbach ließ sich um 1886 diese überaus großzügige Villa im Renaissancestil bauen, einem italienischen Palazzo nachempfunden. Weil er sich mit dem Projekt hoch verschuldete und auch sonst ein recht ausschweifendes Leben führte, begann er eine regelrechte Massenproduktion an Auftragsporträts, die Kritiker teilweise als »schludrig« bezeichneten. Überhaupt nicht schludrig ist dagegen die Kunst, die heute in diesem Museum zu sehen ist: Werke von Mitgliedern des Blauen Reiters (Wassily Kandinsky, Gabriele Münter, Franz Marc, August Macke, Paul Klee …) verhalfen zu Weltruhm. In Norman Fosters Anbau von 2012 empfängt eine dauerhafte Installation von Ólafur Eliasson den Besucher, weitere Wechselausstellungen präsentieren auch aktuellere Künstler wie Joseph Beuys, Sigmar Polke oder Gerhard Richter.

Luisenstr. 33, 80333 München, Tel. 0 89/23 39 69 33
Di–So 10–18 Uhr, www.lenbachhaus.de

JÜDISCHES ZENTRUM

Die Synagoge Ohel Ja'akov (»Zelt Jakobs«), das Jüdische Museum und ein Kultur- und Gemeindehaus mit Kindergarten, Schule, Verwaltung, Rabbinat, Veranstaltungsräumen und einem koscheren Restaurant bilden das Zentrum der zweitgrößten jüdischen Gemeinde in Deutschland. Seit Herbst 2006 befindet es sich auf dem St.-Jakobs-Platz, zuvor waren alle jüdischen Einrichtungen über die ganze Stadt verteilt. Besonders beeindruckend ist die 28 m hohe Synagoge, deren steinerner Sockel an die Klagemauer in Jerusalem erinnert. Darüber schwebt ein Glaskubus mit ineinander verschachtelten Davidsternen aus Stahl, der den Innenraum bei Sonnenschein in ein besonders warmes Licht taucht.

Synagoge und Kultur- und Gemeindehaus:
St.-Jakobs-Platz 18, 80331 München
Tel. 0 89/20 24 00-1 00
Führungen nur nach Voranmeldung, www.ikg-m.de
Jüdisches Museum: St.-Jakobs-Platz 16, 80331 München
Tel. 0 89/23 39 60 96, Di–So 10–18 Uhr
www.juedisches-museum-muenchen.de

RESTAURANTS

HOFBRÄUKELLER
In diesem Wirtshaus am Wiener Platz im Stadtteil Haidhausen geht es nicht ganz so laut (und touristisch) zu wie im Hofbräuhaus in der Innenstadt. Tatsächlich lassen sich hier auch Münchner Weißwurst, Maß oder Schweinshaxe bei bayerischer Gemütlichkeit schmecken. Im schönen Biergarten sitzt man unter uralten Kastanien. *Innere Wiener Str. 19 81667 München, Tel. 0 89/45 99 25-0 tgl. 11.30–22 Uhr, www.hofbraeukeller.de, €*

ALTE UTTING
So ganz traut man seinen Augen nicht: Steht da wirklich ein Schiff auf der Brücke? Ja, das tut es! 2017 wurde der alte Ammersee-Ausflugsdampfer »MS Utting« auf die stillgelegte Eisenbahnbrücke gehievt und dient jetzt als Bar, Restaurant und Veranstaltungsort mit großem Außenbereich. Besonders schön sitzt es sich zum Sonnenuntergang auf dem oberen Schiffsdeck. *Lagerhausstr. 15, 81371 München, Tel. 0 89/70 77 70 Mo–Fr 16–22, Sa–So 10–22 Uhr, www.alte-utting.de*

ÜBERNACHTUNGEN

HOTEL MARIANDL
Knarzendes Parkett, Kronleuchter und Fin-de-Siècle-Möbel: Das »Mariandl« in einem Belle-Époque-Haus ist in seiner Kombination von Ausstattung, Musik und Münchner Lokalkolorit ein Unikat. Im hoteleigenen »Café am Beethovenplatz« gibt es quasi 365 Tage im Jahr Liveauftritte von Jazz bis Klassik. *Goethestr. 51, 80336 München, Tel. 0 89/55 29 10-0 www.mariandl.com, €€*

DEUTSCHE EICHE
Zentral direkt am Gärtnerplatz liegt das Traditionshaus, Baujahr 1864. Geräumige moderne, allergikerfreundliche Zimmer. Von der Dachterrasse bietet sich ein großartiger Rundumblick. Das gleichnamige Restaurant ist eine Institution im Münchner Nachtleben; Rainer Werner Fassbinder beispielsweise feierte in den 1970ern in seinem »zweiten Wohnzimmer« so manch rauschendes Fest. *Reichenbachstr. 13, 80469 München, Tel. 0 89/23 11 66-0 www.deutsche-eiche.de/hotel, €€€*

40

RÖTHBACHFALL IM BERCHTESGADENER LAND

47° 30′ 7″ NORD / 13° 0′ 43″ OST

ANSEL ADAMS (1902–1984) wusste schon, was er tat: Der Pionier der Landschaftsfotografie lichtete mit ultimativem Gespür für den perfekten Augenblick die Felswände im Yosemite Nationalpark ab. So legte er den Grundstein dafür, dass die kalifornische Gebirgslandschaft zu den populärsten Zielen unserer Zeit wurde. Unvergessen ist auch seine Aufnahme von den Yosemite Falls, wo das Schmelzwasser der Sierra Nevada fast 750 m in die Tiefe stürzt.

Ganz gewiss hätte Adams auch an den bayrischen Alpen seine Freude gehabt. Unweit des südlichen Ufers des Königssees etwa ergießt sich ein Wasserfall, der sich hinter seinem kalifornischen Pendant nicht verstecken muss: Der Röthbach-Wasserfall bringt es auf eine Fallhöhe von 470 m – genug für den Spitzenplatz in ganz Deutschland. Ja, in den gesamten Alpen bringen es lediglich die Seerenbachfälle in der Schweiz auf mehr. Am fotogensten sind die Fälle meist im fortgeschrittenen Frühjahr, wenn sich das Schmelzwasser vor dem Hintergrund einer nahezu senkrechten Felswand seinen Weg von den Gipfeln der Berge ins Tal sucht.

Der Röthbachfall befindet sich nur einen Steinwurf von der österreichischen Grenze entfernt im äußersten Südosten Deutschlands. Er gehört zum Gebiet des Nationalparks Berchtesgaden und ist nur mit einiger Anstrengung zu Fuß erreichbar. Daher bleibt der Wasserfall trotz des ihm innewohnenden Superlativs auch im Zeitalter

sozialer Medien weitgehend von Touristenmassen verschont. Ein Umstand, den Ansel Adams sicherlich zu schätzen gewusst hätte: Der Mann war nicht Fotograf, sondern auch leidenschaftlicher Naturfreund.
www.berchtesgaden.de/roethbach-wasserfall

Oberfälle im Yosemite National Park, USA
37° 44′ 59″ Nord / 119° 35′ 13″ West

BERCHTESGADEN

YOSEMITE VILLAGE

9.422 KM

Unten: Die Gebirgslandschaft um Berchtesgaden sucht ihresgleichen. Röthbachfall, das Watzmannmassiv und der Königssee sind ikonisch und können es auch hinsichtlich des Legendenreichtums locker mit dem Yosemite-Park aufnehmen.

Die Elektroboote der Bayrischen Seenschifffahrt laufen vier Anlegestellen im Königssee an – ideale Ausgangspunkte für spektakuläre Wanderungen ins Karsthochplateau des Steinernen Meeres, das sich zwischen Watzmann und Hochkönig erstreckt.

KÖNIGSSEE

Zwischen den steilen Hängen von Hagengebirge und Watzmann breitet sich mit dem Königssee eine der Top-attraktionen der deutschen Alpen aus. Weil die Flanken der umliegenden Berge so steil abfallen, existiert kein abgesicherter Uferweg, der eine komfortable Umrundung gestatten würde. So bleiben für die Erkundung des 8 km langen glasklaren Gewässers nur die von Elektromotoren angetriebenen, schmucken Wasserfahrzeuge der Königsseeschifffahrt. Von der Anlegestelle Salet bis zum Röthbachwasserfall ist es ein längerer Spaziergang – hin und zurück läuft man gute 9 km.
Schifffahrt Königssee, Seestr. 55
Schönau am Königssee, Tel. 0 86 52/9 63 60
www.seenschifffahrt.de

SALZBERGWERK

Eine Kathedrale tief unten im Erdreich. So ließe sich das Besucherbergwerk trefflich beschreiben. Auf einem unterirdischen Parcours erfahren die Besucher bei effektvoller Beleuchtung, was es mit dem bis in die Gegenwart betriebenen Abbau von Salz auf sich hat, dieser Substanz, die einst für unermesslichen Reichtum sorgte. Um die Tour so authentisch und komfortabel wie möglich zu gestalten, werden die Gäste zunächst in einen typischen Overall gekleidet und dürfen anschließend in einem Bähnchen Platz nehmen, um durch die unterirdische Stollenwelt zu zuckeln.
Bergwerkstr. 83, 83471 Berchtesgaden
Tel. 0 86 52/6 00 20, tgl. 9–17, Nov.–März 11–15 Uhr
www.salzbergwerk.de

NATIONALPARK BERCHTESGADENER LAND

Deutschlands einziger alpiner Nationalpark umfasst ein Höhenspektrum von mehr als 2000 m, das von der Oberfläche des Königssees (602 m) bis zum Gipfel des Watzmanns (2713 m) reicht. Das 208 Quadratkilometer große Areal ist die Heimat von seltenen Spezies wie dem Alpenmurmeltier und dem Alpensteinbock. Auch leben hier mehr als 100 Vogelarten. Besucher haben Gelegenheit, den Park auf einem 260 km langen Netz von Wanderwegen zu erkunden. In Berchtesgaden ermöglicht das vor der Silhouette des Watzmanns errichtete Haus der Berge wetterunabhängig tiefergehende Einsichten.
Haus der Berge, Hanielstr. 7, 83471 Berchtesgaden
Tel. 0 86 52/97 90 60-0, tgl. 9–17 Uhr
www.haus-der-berge.bayern.de

JENNERBAHN

Den komfortablen Transfer zu einem wunderbaren Aussichtspunkt ermöglicht seit 2019 die neue Jennerbahn. In Schönau am Königssee geht es binnen 20 Minuten in Gipfelnähe des 1874 m hohen Jenner. Von hier oben eröffnet sich ein Panorama, das neben den Berchtesgadener Bergen auch den Königssee umfasst. Einmal angekommen, sind Wanderwege und Skigebiet nicht weit.
Talstation Jennerbahnstr. 18
83471 Schönau am Königssee, Tel. 0 86 52/9 58 10
tgl. mindestens 9–16 Uhr (im Sommer länger)
www.jennerbahn.de

DOKUMENTATION OBERSALZBERG

Berchtesgaden ist mit vielen natürlichen Vorzügen gesegnet, doch auch untrennbar mit der Geschichte des Nationalsozialismus verbunden. Seit 1923 diente der Obersalzberg als Hitlers Feriendomizil, nach 1933 wurde der Berg neben Berlin zum zweiten Regierungssitz. Die Dokumentation Obersalzberg versteht sich als Ort der Erinnerung und des Lernens. Dabei sind neben einer Dauerausstellung auch Wechselausstellungen behilflich.
Salzbergstr. 41, 83471 Berchtesgaden
Tel. 0 86 52/94 79 60
tgl. 9–17, Nov.–März Di–So 10–15 Uhr
www.obersalzberg.de

RESTAURANTS

BERCHTESGADENER ESSZIMMER

Ambitionierte Küche mit spürbarem Einfluss alpenländischer Traditionen. Auf der kleinen Karte befinden sich auch spannende vegetarische Gerichte. Die Regale des Weinkellers sind zu einem guten Teil mit österreichischen Tropfen gefüllt. *Nonntal 7*
83471 Berchtesgaden, Tel. 0 86 52/6 55 43 01
www.esszimmer-berchtesgaden.com

BRÄUSTÜBERL BERCHTESGADEN

Deftige bayrische Spezialitäten von Weißwurst über Schweinsbraten bis zur Haxe. Dazu fließt in den ebenso geschichtsträchtigen wie großzügigen Räumlichkeiten das vom Hofbrauhaus Berchtesgaden vor Ort gebraute Bier in Strömen.
Bräuhausstr. 13, 83471 Berchtesgaden
Tel. 0 86 52/97 67 24
www.braeustueberl-berchtesgaden.de

ÜBERNACHTUNGEN

HOTEL EDELWEISS

Das familiengeführte Haus mit seinen 129 Zimmern ist traditionsbewusst und modern zugleich. Es befindet sich in zentraler Lage in der Fußgängerzone von Berchtesgaden. Weitere Pluspunkte sind ein Panoramarestaurant mit Bergblick und ein 2000 Quadratmeter großes Wellnessareal. *Maximilianstr. 2*
83471 Berchtesgaden, Tel. 0 86 52/9 79 90
www.edelweiss-berchtesgaden.com

VILLA SONNENHOF

Das familiengeführte Haus kombiniert seine Lage in einem sonnenüberfluteten Landstrich über den Dächern von Bad Reichenhall mit Bergblick und modern eingerichteten Zimmern. Neben Berchtesgaden ist auch Salzburg bequem erreichbar.
Sonnenstr. 11, 83457 Bayerisch Gmain
www.villasonnenhof.de

EIBSEE,
ZUGSPITZREGION

47° 27' 28" NORD / 10° 58' 23" OST

Der Eibsee zählt zu den schönsten und charmantesten Seen Oberbayerns. Auch wenn Reiseführer oft das Gegenteil behaupten: An heißen Tagen kann man ruhig die Badehose einpacken. Zwar ist das Wasser selbst im Sommer selten wärmer als 20 Grad, es gibt aber hübsche Buchten und Stege. Dort wärmen einen die Sonnenstrahlen schnell wieder auf.

EIN BÄR, der ständig Ärger macht, wird irgendwann zum »Problembären« – und hat dann freilich selbst ein Problem. So war das jedenfalls mit Bruno, der im Frühjahr 2006 seiner italienischen Heimat Lebewohl sagte, nach Bayern aufbrach und dort seinen Instinkten folgte. Zwei Monate lang machte der tierische Draufgänger das österreichisch-bayerische Grenzgebiet unsicher, stillte seinen Bärenhunger, wo er nur konnte, und kam dabei der Zivilisation immer näher. Auch in Grainau, unweit des Eibsees, plünderte der Vagabund nachts einen Hühnerstall. Nur einen Steinwurf vom Schlafzimmer der Bauern entfernt, die davon zum Glück nichts mitbekamen. Sterben musste Bruno trotzdem. Zu hoch war das Risiko, dass bald auch Menschen verletzt werden. Dass sich das Raubtier im Landkreis Garmisch-Partenkirchen offenbar besonders wohl fühlte, konnten Forscher anhand zahlreicher Spuren nachweisen. Ob auch die Landschaft das Tier in ihren Bann zog? Durch die Brille eines Romantikers betrachtet, scheint die Natur hier jedenfalls wie gemacht für ein glückliches Bärenleben – insbesondere der von dichten Wäldern gesäumte, türkisblaue Eibsee zu Füßen des Zugspitzmassivs (2962 Meter). Im Frühling und Herbst sind dessen steile Felswände bis hinunter zur Baumgrenze mit Schnee überzuckert. Oft gleiten Kanus und Ruderboote vor dieser Kulisse lautlos übers Wasser. Spätestens dann fühlt sich all das nach Kanada und den Rocky Mountains an, der Heimat von Grizzly- und Schwarzbären. Um den Eibsee herum führt ein herrlicher Rundweg, für den man zwei bis drei Stunden einplanen sollte. Wer will, kann das atemberaubende Alpenpanorama auch aus der Luft bewundern: Die Fahrt mit der unlängst eröffneten Zugspitzseilbahn ist ein echtes Erlebnis. In rund 15 Minuten befördert sie ihre Passagiere hinauf ins ewige Eis. Sogar vierbeinige. Bären sind allerdings ausgenommen.
www.eibsee.de, www.zugspitze.de

Maligne Lake, Jasper National Park, Kanada
52° 40′ 11″ Nord / 117° 32′ 34″ West

REGISTER

BILDNACHWEIS

Noch mehr HOLIDAY Reisebücher zum Schmökern, Lachen, Entdecken …

978-3-8342-3260-1

978-3-8342-3046-1

978-3-8342-3124-6

978-3-8342-3261-8

978-3-8342-3043-0

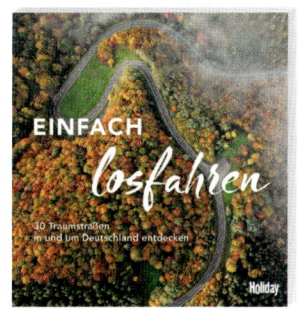

978-3-8342-3062-1

978-3-8342-2851-2

978-3-8342-2958-8

978-3-8342-3121-5

978-3-8342-3112-8

978-3-8342-2188-8

978-3-8342-3183-3

IMPRESSUM

Alle Angaben in diesem Reisebuch sind gewissenhaft geprüft. Für ihre Vollständigkeit und Richtigkeit kann der Verlag jedoch keine Haftung übernehmen. Aus Gründen der besseren Lesbarkeit wird in diesem Buch bei Personenbezeichnungen das generische Maskulinum verwendet. Es gilt gleichermaßen für alle Geschlechter.

© 2021 GRÄFE UND UNZER VERLAG GmbH, München
HOLIDAY ist eine eingetragene Marke der GANSKE VERLAGSGRUPPE.
2. Auflage 2021
ISBN 978-3-8342-3282-3

B2B-Editionen schneidern wir maß nach Ihren Wünschen. Bei Interesse: Roswitha.Riedel@graefe-und-unzer.de

Bei Interesse an Anzeigenschaltung:
KV Kommunalverlag GmbH & Co. KG
Tel. 089/928 09 60 oder
info@kommunal-verlag.de

GRÄFE UND UNZER

Ein Unternehmen der
GANSKE VERLAGSGRUPPE

Verlagsleitung Reise: Philip Laubach
Buchkonzept: Jens van Rooij
Autoren: Ralf Johnen, Caro Kania, Gerhard von Kapff, Wilhelm Klemm, Larissa Köpp, Andrea Lammert, Renate Nöldeke, Anne-Katrin Scheiter, Moritz Schumm
Redaktion und Projektmanagement: Wilhelm Klemm, Anne-Katrin Scheiter
Lektorat: Martin Waller • Werkstatt München
Satz: Anja Dengler • Werkstatt München
Bildredaktion: Dr. Nafsika Mylona
Schlusskorrektur: Ulla Thomsen
Produktion: Gloria Schlayer
Umschlaggestaltung & Layout: Independent Medien Design, München, Horst Moser (Artdirection)
Repro: Repro Ludwig, Zell am See
Druck: Firmengruppe APPL, Wemding
Bindung: Conzella, Pfarrkirchen

PEFC
PEFC/04-32-0928

Dieses Buch ist auf PEFC-zertifiziertem Papier aus nachhaltiger Waldwirtschaft gedruckt.

Liebe Leserinnen und Leser,

hat Ihnen unser Buch gefallen? Falls ja, freuen wir uns, wenn Sie es weiterempfehlen. Wenn Sie außerdem Kritik, Anmerkungen oder Korrekturen haben, freuen wir uns über Ihre Nachricht.

GRÄFE UND UNZER Verlag
Grillparzerstraße 12
81675 München
www.graefe-und-unzer.de
Ihre HOLIDAY-Redaktion